ÉCHEC ET RAP

Pour Brigitte et Philippe,
dont l'amitié chaleureuse
veille si bien sur mon site Internet.

Loi n° 49-956 du 16 juillet 1949 sur les publications destinées à la jeunesse, modifiée par la loi n° 2011-525 du 17 mai 2011.
ISBN 978-2-09-254160-9

ÉCHEC ET RAP

Jean-Paul Nozière

Illustrations de David Sala

Nathan

CHAPITRE I

Quand la sonnette retentit, David Legal écrivait à son père. Du moins, il essayait. Tout en haut de la page blanche, mais froissée, figurait le mot « papa », d'une écriture tremblée. En dessous, cinq lignes ondulaient comme des vagues. La sonnerie intervint alors que David cherchait l'orthographe du nom « Guyane. » Il hésitait entre « Guillane » et « Guianne. » Presque chaque mot lui posait un problème. À vingt-six ans, David Legal écrivait pour la première fois à son père. Il n'était pas question qu'il s'aperçoive combien son fils avait oublié l'école, quittée dix ans plus tôt, et combien il s'enfonçait très vite dans l'illettrisme. De toute façon, est-ce que son courrier arriverait à destination ? Les chances étaient réduites. Penser à l'échec presque certain déclenchait un afflux de larmes, ce qui rendait encore plus difficile l'écriture de cette foutue lettre.

« Guyane ». Chercher l'orthographe du nom ramena David Legal quatorze années en arrière. Un dîner. À la fin, après le dessert, le père s'était levé de table sans allumer l'habituelle cigarette.

– Écoutez, vous trois.

Vous trois ? Sa femme, Constance, et lui, David, douze ans, le troisième ne pouvant être que le chien, Ténor.

– J'en ai marre de vivre dans ce trou, de faire trente-six boulots pour gagner des clopes à la fin du mois. Je pars en Guyane, chercher de l'or. Il paraît qu'on en trouve beaucoup et que la fortune sourit à ceux qui n'ont pas peur. De quoi j'aurais peur après quinze ans de vache enragée, quinze ans à attendre un miracle ?

Il était sorti de la cuisine, de l'appartement et de leur vie. Pour toujours. En triant les papiers de sa mère, décédée six mois auparavant, David avait récupéré une adresse, sur un carnet aux feuilles jaunies.

Henri Legal
3, rue du Général-de-Gaulle, Cayenne.

– Cayenne, c'est en Guyane, avaient dit les voisins d'en face.

La décision d'écrire à son père ne datait que du matin même. Une bouteille à la mer. Papa. Dix fois la feuille triturée d'un « papa » angoissé était passée à la poubelle. La onzième était la bonne. Déjà cinq lignes. Il écrirait cinq pages ou plus. Il avait tant à dire. Quatorze années de galère à raconter. Il avait le temps. La nuit commençait. Une nuit étouffante, comme l'étaient d'ailleurs toutes celles de ce mois de mai caniculaire. À peine vingt-trois heures et David ne dormirait que vers deux heures du matin, si toutefois il parvenait à s'endormir. La Guyane ne faciliterait pas les choses.

– T'étais quand même gonflé de te tirer de cette façon, espèce de salaud, murmura David, presque tendrement et en souriant, parce que, bon, le passé était le passé. Il avait pris sa décision avant de penser à écrire : ne plus mariner ses rancœurs du matin au soir, ainsi qu'il le faisait depuis quatorze ans. Tourner la page. Avancer dans la vie, une vie nouvelle qui commençait avec la lettre à son père. À vingt-six ans, il était temps d'effacer la mémoire d'un passé plutôt marécageux.

La sonnette, une seconde fois.

– Merde ! s'exclama David Legal.

Quelqu'un se trompait de porte. Il n'attendait

personne, surtout à cette heure tardive. D'ailleurs, il connaissait très peu de monde à Sponge et n'avait aucun ami.

David posa son stylo à bille, puis s'avança vers la porte munie d'un œilleton installé par un propriétaire méfiant. L'œil de verre était pratique. Il permettait à David de ne pas ouvrir à ceux qui venaient réclamer de l'argent et, pour commencer, au propriétaire lui-même qui braillait après ses trois mois de loyer impayés.

David Legal colla son œil à l'autre, en verre. Personne. Encore une plaisanterie de gosses. La canicule les déversait dans la rue jusqu'à des heures impossibles. Ils en profitaient pour accumuler les conneries.

David Legal retourna vers la table et la lettre à son père.

Sonnerie.

– Bon, y en marre ! cria David.

Il se précipita vers la porte, l'ouvrit en grand. Recula de deux pas en marmonnant :

– Qu'est-ce que c'est que ce cirque ?

La balle du fusil de chasse l'atteignit en pleine tête. David Legal s'écroula en pensant qu'il ne reverrait jamais son père. Curieusement, il en éprouva une sorte de soulagement avant de mourir.

CHAPITRE II

La brigade de gendarmerie de Sponge ne comptait que six hommes. Ou plutôt cinq, l'adjudant-chef nouvellement nommé étant une femme, Lili Rigosi. Lili, une blonde incendiaire de vingt-cinq ans, directement sortie d'un magazine de mode (mais, elle, sans retouches d'un photographe), avait choisi la brigade de Sponge pour deux raisons. Elle était originaire de la petite ville, quittée à l'âge de quinze ans, après la fin de ses études au collège. Mais, surtout, un de ses stages dans la gendarmerie s'était déroulé avec un jeune homme, Vladimir Livov, lequel avait été expédié, contre son gré, dans ce trou perdu qu'était Sponge. Durant le stage, Lili était tombée amoureuse de Vlad et lui était tombé amoureux de Lili. Ce n'était pas plus compliqué que ça, sauf que ni l'un ni l'autre n'avait osé l'avouer à l'issue de la semaine vécue ensemble.

– Tu passerais pour quoi, si tu te jettes dans ses bras au bout de sept jours ? s'était dit Lili.

– Tu passerais pour quoi, si tu te jettes dans ses bras au bout d'une semaine ? s'était dit Vlad.

Aucun des deux ne correspondait à leur époque où les sentiments s'emballent aussi vite que les paquets d'un magasin et, souvent, s'abîment aussi vite que leur contenu. Et voilà pourquoi ils se retrouvaient à la brigade de Sponge, Lili devenant le supérieur hiérarchique de Vlad, ce qui compliquait les choses dans le domaine de l'amour. Comme pendant le stage, ils n'osaient rien entreprendre. Ils étaient deux volcans en attente d'une éruption qui tardait. Qu'ils espéraient mais redoutaient.

Cette nuit-là, au début de mai, Lili Rigosi ne parvenait pas à trouver le sommeil. Trop chaud, malgré la fenêtre ouverte et l'absence de chemise de nuit, et d'ailleurs de tout autre vêtement. Une canicule épouvantable régnait depuis trois jours. Elle préfigurait les futures catastrophes climatiques, déclaraient certains scientifiques, avec des regards ricanants qui disaient « depuis le temps qu'on tire en vain le signal d'alarme ! ». D'autres, moins pessimistes, constataient que la même canicule avait asséché les rivières et les lacs, dix ans auparavant, sans que l'espèce humaine n'ait disparu pour autant. Lili, à défaut de sommeil, se mit à ranger le désordre de son trois-pièces situé au deuxième étage de la gendarmerie. Elle commença par trier des paperasses. Des imprimés concernant sa nomination à Sponge. D'autres relatifs à son installation. Les notes prises pendant ses études ou les stages. Les photos et articles de la presse locale, titrant deux mois plus tôt :

Une femme commande la brigade de Sponge :
l'adjudant-chef Rigosi prend ses fonctions.

Lili se remémora sa première entrée dans la salle de réunions, devant « ses » hommes. Vlad, pâle, la dévorant des yeux, bredouillant « Bonjour madame… Euh… Bonjour chef… Euh… Bonjour mon adjudant. » et elle, bourrée d'adrénaline, ayant dressé la liste des bonnes résolutions à tenir dès le début, lançant :

– Vlad, vous avez oublié mon nom ?

– Euh… Lili… Non, bien sûr que non, mais… Euh… Les circonstances, Lili…

– Alors, ce sera Lili, comme durant le stage.

Un des gendarmes, Éric Malot, n'avait pu s'empêcher de siffler son admiration en découvrant « un top model pour de vrai », ainsi qu'il l'avait dit à voix haute à son voisin, le gendarme Marc Balu. Lili avait dégainé le sourire de magazine que la brigade espérait. Il était resté en place le temps que les quatre hommes en profitent. Puis, il s'était progressivement effacé pendant que les yeux violets de Lili se transformaient en baïonnettes.

– Profitez à fond de ce sifflement, marque d'admiration très masculine si j'en crois mes informations. Pourtant, il n'y en aura pas d'autres, ni aujourd'hui, ni demain, ni jamais. Est-ce clair ?

Les baïonnettes, évitant Vladimir Livov, s'étaient plantées tour à tour en plein cœur des quatre gendarmes, attendant que chacun incline la tête, complétant leur soumission par la formule consacrée :

– Bien, chef.

– Parfait, avait conclu Lili. Je suis certaine que nous ferons du bon travail ensemble.

Lili Rigosi fourra les derniers papiers dans une vaste boîte de carton, réceptacle de ce qu'elle appelait « les choses à trier un jour ou l'autre ». Elle retint un moment une des lettres de félicitations reçues la première semaine de sa prise de fonction à la brigade. Elle la relut.

Chère toi,

Je suis heureux que tu reviennes chez toi. Peut-être

devrais-je écrire chez nous. Une belle réussite, si jeune, et très méritée. Sponge ne sera qu'une marche permettant d'accéder à de plus hautes ambitions. Je le sais. Je serai aussi dans la région, en juin. Nous nous rencontrerons. De ça, je suis certain. J'attends cette rencontre avec émotion et crainte.

Lili jeta la lettre dans la boîte en haussant les épaules. Pas de signature, sinon un dessin représentant une pièce d'échecs, une reine puisque le nom figurait en dessous. Encore un stupide admirateur de femmes blondes, estima Lili Rigosi. Un de ces crétins croyant la draguer un jour ou l'autre en commençant par une lettre. C'était aussi ridicule que le sifflement admiratif d'Éric Malot, mais plus élégant.

Lili consulta sa montre. 23 h 30. Elle devait absolument dormir, maintenant. Le téléphone sonna. Lili tressaillit. Le téléphone, aux alentours de minuit, indiquait un pépin. Elle décrocha.

– Chef, claironna la voix de Marc Balu, le permanencier de cette nuit- là, il faut que vous descendiez. On a un os. Un assassinat rue Molière. Vlad vous attend pour les constats.

Le visage du brigadier Vladimir Livov était aussi blanc que la cuvette des W.C. dans laquelle il venait de vomir. Son premier crime. Pas pour Lili, qui durant sa première affectation dans une ville du centre de la France, avait buté contre l'horreur en découvrant le carnage d'un malade mental. Cinq victimes innocentes.

– Vlad, tu prends un maximum de photos avant que quiconque touche quoi que ce soit, dit Lili.

Elle posa brièvement sa main sur l'épaule de son collègue. Vlad tressaillit comme s'il recevait une décharge électrique.

– Tu tiendras le coup ? fit Lili.

Vlad acquiesça. Non, il ne tiendrait pas le coup. Qui le pourrait ? Il ne pensait plus qu'à prendre une douche brûlante, à s'enfoncer dans son lit et à dormir pendant trois jours.

Deux gendarmes de la brigade barraient l'accès à l'immeuble, six étages plus bas. Éric Malot braillait dans la cage d'escaliers : « Rentrez chez vous ! On vous interrogera plus tard ! » L'immeuble, réveillé, grondait de rumeurs extravagantes. Un assassinat. Non, plusieurs. Une prise d'otage. Un attentat.

Lili Rigosi soupira. Ce serait difficile de s'en sortir avec seulement cinq gendarmes sur le terrain, le sixième, Marc Balu, assurant la permanence au bureau. En bas, Olivier Thénot et Jimmy Rigoire n'avaient pas inventé la poudre. Ce serait déjà bien beau s'ils parvenaient à empêcher la rue entière d'investir l'immeuble où le crime s'était produit.

L'homme gisait, allongé dans le couloir de son appartement. Le visage en lambeaux. Du sang partout.

– C'est David Legal, avaient bredouillé les voisins d'en face, un couple de retraités qui regardaient la télévision quand ils avaient entendu la détonation. Maintenant, ils claquaient des dents, en dépit de la forte chaleur de la nuit, mais ils refusaient de rentrer chez eux. Ils lorgnaient le cadavre, fascinés d'horreur. La femme pleurait, sans émettre un son.

Pendant que Vlad établissait les premiers constats, Lili avait réveillé le procureur de la République, à Dijon. Jean-Baptiste Lurçat. Pas commode, le proc', et pas du tout intéressé par un meurtre commis chez les ploucs.

– Je vous charge de l'enquête, adjudant Rigosi. Demain, je demanderai au juge d'instruction d'ouvrir une information et de prendre le relais, mais vous conserverez l'affaire jusqu'au bout. Ça ne doit pas être sorcier de mettre la main sur le coupable, dans une si petite ville. Vous avez besoin de la PJ[1] pour les empreintes ?

---

1. Police judiciaire.

– Oui, et vite, avait répliqué Lili. Quant au reste, je crois que nous sommes capables d'établir les premiers constats qui feront l'objet d'une procédure pénale... Oui, même dans une si petite ville, on devrait y parvenir.

Le proc' s'était gardé de relever l'ironie. À minuit, il ne pensait qu'à regagner son lit.

Lili s'approcha de Vlad. Elle aimait être près de lui, évitant, mais de peu, le contact de leurs corps. La présence de la victime accroissait ce désir, comme si leur proximité avait le pouvoir d'éloigner l'horreur. Elle était grande, moins que Vlad pourtant qui mesurait un bon mètre quatre-vingt-cinq. Le doux visage du brigadier affichait une sorte d'étonnement permanent que des grands yeux verts traduisaient par une surprenante limpidité traversée d'ombres à intervalles réguliers. Son abondante chevelure noire, toujours en désordre, lui donnait un air d'artiste maudit, apparence qu'il entretenait, même s'il s'agaçait de devoir remettre sans cesse des mèches tombantes en place. Lors d'une des réunions de la brigade, plus énervé que d'habitude par cette chevelure encombrante, Vlad avait jeté :

– Demain, le coiffeur me débarrasse de ma tignasse.

Lili s'était écriée :

– Ah non, je vous l'interdis, vos cheveux sont si beaux !

Tout le monde l'avait dévisagée. Ri. Elle avait piqué un fard. Vlad aussi. Ils ne s'étaient plus regardés du reste de la journée, se conduisant comme deux gosses de dix ans embarrassés par leurs copains qui chantonnent « oh les zamoureux ! » dans la cour de récréation.

– Tu as terminé ? demanda Lili. Le type de la PJ sera là pour les empreintes dans moins d'un quart d'heure et le corps partira à l'Institut médico-légal juste après.

– Oui, fit Vlad. J'ai mitraillé l'appartement et la victime sous tous les angles. De toute façon, ce n'est pas sorcier : on sonne, David Legal ouvre et se prend une balle de fusil de chasse. À mon avis, un calibre 12/70 spécial sanglier.

Lili tapota la hanche de Vlad.

– Bravo ! Comment tu sais ça ?

Vlad l'observa par-dessus l'appareil photo.

– Je suis chasseur. Le couple d'en face…

Il marqua une pause, lorgna les voisins refoulés sur leur palier, mais qui ne perdaient pas une miette du spectacle.

– Le couple d'en face affirme que l'assassin avait un fusil de chasse, poursuivit plus doucement Vlad.

De pareils dégâts ne sont possibles qu'avec des projectiles réservés aux sangliers.

– Oui, mais ce qu'ils racontent me semble si absurde, si incroyable, coupa Lili. Tu vérifies que tu n'as rien oublié et on reprend le fil des événements avec eux de A jusqu'à Z.

Elle contourna Vlad afin de retourner dans l'appartement. Son adjoint évitait de poser les yeux sur les taches de sang. Son visage récupérait à peine un semblant de couleur. La poitrine de Lili se contracta. Vlad ne serait jamais un bon flic. La violence et la mort lui faisaient horreur. La tristesse du regard de Vlad indiquait qu'il ne s'habituerait jamais à l'inhumanité de certains hommes.

L'appartement, petit et pauvre, ne comportait qu'une chambre étroite, meublée en tout et pour tout d'un lit, une salle de séjour encombrée d'objets hétéroclites et une cuisine sombre dont l'évier débordait de vaisselle sale. Lili Rigosi se dirigea vers la table où était la lettre. Elle la relut, sans la toucher, de même qu'elle ne déplaça rien et ne but pas le verre d'eau qui la tentait, car il régnait une chaleur d'étuve à ce huitième étage placé sous le toit de l'immeuble. La lettre était écrite sur une feuille de papier à carreaux, mais les lignes ne respectaient pas le quadrillage. La victime rédigeait son courrier quand on avait sonné puisque le stylo reposait sur le papier. Près de la table, se trouvait une poubelle remplie d'autres feuilles froissées.

L'adjudant-chef Rigosi se pencha et lut à voix haute, comme si elle voulait s'imprimer chaque mot dans la tête.

Papa

Manman et morte dans un aciden d'auto il y a trois mois, la preuve d'une justice divine. Je sais que tu t'es sauvé en amérique à cause d'elle. Les 14 ans depuis ton départ sont été un enfer pour moi et j'aurès du partir avec toi en guillane car…

Des fautes énormes. Une expression douteuse. Des lignes cahotantes et pourtant une écriture appliquée d'enfant d'école primaire. David Legal – vingt-six ans, déclarait le permis de conduire posé sur le buffet de cuisine – flirtait avec l'illettrisme. Les yeux de Lili Rigosi s'humectèrent. Un pauvre bougre. Une vie difficile qui se terminait par un horrible assassinat. Lili en savait assez sur la misère du monde pour se révolter une fois de plus : c'était souvent les mêmes qui trinquaient, ceux que la vie n'avait pas épargnés et à qui la mort flanquait parfois une ultime gifle.

Elle revint près de Vlad qui rangeait le matériel photo.

– Le vol n'est pas la cause du crime. D'abord, il n'y a rien à voler et l'appartement n'a pas subi de fouille.

– Une histoire de drogue ? proposa Vlad.

– M'étonnerait. En plus, les dealers et autres trafiquants n'utilisent pas le fusil de chasse.

– Oui, mais nous sommes à la campagne. Ici, tout le monde chasse ou a une relation qui chasse.

Lili pressa le bras de Vlad et sourit.

– Je suis au courant, brigadier. Tu oublies que j'ai vécu à Sponge jusqu'à l'âge de quinze ans.

Des bruits de pas leur parvinrent de la cage d'escaliers. Le gendarme Thénot apparut et s'adressa à Lili.

– Chef, le collègue de la PJ est arrivé. Enfin, ils sont deux et pressés de repartir. Ils disent qu'on aurait pu relever nous-mêmes les empreintes et…

– Qu'ils montent et fassent leur travail pendant que nous interrogerons les voisins, coupa Lili. Rigoire et vous, vous prenez le maximum de renseignements auprès des habitants des autres étages. Après, on rentre.

Elle entendit Vladimir parler dans son dos.

– Lili !

Elle regardait le gendarme redescendre l'escalier. L'appel se fit pressant.

– Lili, venez voir, répéta Vlad, puis il recommença, retrouvant le tutoiement naturel qu'il employait lorsqu'ils n'étaient que les deux.

– Lili, viens voir ce que j'ai trouvé.

L'adjudant-chef Lili Rigosi se retourna. Elle s'aperçut que Vlad se tenait accroupi auprès du cadavre. La main droite de la victime, jusque-là fermée et posée sur le ventre, s'était ouverte en tombant le long du corps. Elle contenait un objet. Lili s'approcha. Une pièce d'un jeu d'échecs. Un pion. Le fou.

CHAPITRE III

6 *mai, 13 h*

Papa sort de prison dans un mois et demi. Le jour de mes quinze ans. C'est si long de l'attendre. Il me promet un cadeau, mais refuse de dire lequel. Il le prépare jour après jour dans sa cellule. C'est quoi ?

Cinquante jours d'attente. Je ne pense qu'au dernier et alors je suis heureux, HEUREUX, super heureux, papa vite, vite, vite, s'il te plaît. Je voudrais pouvoir m'endormir et ne me réveiller que dans cinquante jours.

Tu seras là près de nous.

En plus, dans deux mois, je serai libre, comme toi. Le collège se termine, en septembre j'entre en seconde au lycée, à Dijon. Sans eux. Loin d'eux. Enfin loin d'eux. Ils arrêtent leurs « études » (j'ai envie de rire !).

Il n'y aura plus que maman, toi et moi. Qu'ils crèvent, ah oui, qu'ils crèvent. Je l'écris, même si maman est furieuse quand j'emploie ce genre d'expression.

– Des phrases de voyou, Léo ! C'est ça que tu veux ? Devenir un voyou ? On commence par les mots et après...

Son regard m'évite. Elle pâlit. Je l'embrasse et on parle d'autre chose. Mais ici, dans mon journal, je l'écris : qu'ils crèvent. Ce sont eux les voyous. Barbara ne les connaît pas. Si personne ne les arrête, un jour, ils tueront quelqu'un. Peut-être moi.

Quand j'entrerai en seconde, à Dijon, Marlène sera dans un lycée en Bretagne. Je ne la verrai plus et ça me donne envie de pleurer. Huit cents kilomètres entre nous. Un adieu définitif ? Je refuse de l'imaginer, même si je l'imagine sans arrêt... Elle se doute que je l'aime, je me doute qu'elle m'aime, mais on ne se le dit pas. Peut-être à cause de son prochain départ ?

Ou la trouille, seulement la trouille ?

Alors, je l'écris. Je te l'écris. Marlène, je t'aime. Je t'aime. Après ce mot, je ne sais plus quoi mettre. C'est parce qu'il suffit à tout dire.

Sans toi... Sans toi, même si je ne te vois que le week-end et pendant les vacances, sans toi je crois que je ne tiendrai pas le coup. Toi et le jeu. Toi, le jeu, ma mère Barbara et bientôt papa, vous êtes tout ce que j'ai. Mes bouées. Bientôt, il ne restera plus que le jeu, Barbara et papa.

De toute façon, dans mon autre vie qui commence à la fin de l'été, quand je serai à Dijon, toi à Brest, je ne t'oublierai jamais.

Marlène, mon amour.

(Si ceux de ma classe apprenaient que j'écris « Marlène, mon amour », ils se tordraient de rire en me traitant de vieux. Le mot amour leur fait peur. Il est trop beau pour leur cervelle mitée. N'empêche qu'il me fait peur, à moi aussi.)

6 mai, 16 h

J'aurais dû continuer à jouer, au lieu de sortir.

Maman téléphone au début de l'après-midi, depuis son bureau.

– Léonard, ne reste pas le mercredi entier bouclé dans ta chambre, à jouer devant un ordinateur. Il fait très chaud, d'accord, mais aère-toi un peu. J'aimerais que tu achètes une salade et des fruits pour le dîner de ce soir. *Bye bye* mon chéri.

Elle raccroche avant que je prononce un mot. Barbara devine quand je m'apprête à dire « non » : elle prend les devants.

Je suis pourtant si bien devant le jeu. Un combat entre l'ordinateur et moi, dont je sors vainqueur deux fois sur trois. Je clique sur « terminer ». L'écran avale l'image. Aussitôt la peur s'insinue sous chaque centimètre carré de ma peau. Sortir. Être dehors. Je n'ai pas le choix : la salade et les fruits.

J'espère que Marlène sera chez elle, mais la maison est fermée, les volets sont tirés à cause de la chaleur. Les parents de Marlène travaillent et, un mercredi sur deux, elle prend des cours de violon au conservatoire : pas de chance.

Avec toi, Marlène, ma peur diminue. Si tu m'accompagnais, ils n'oseraient pas. Tu les intimiderais. Ces crétins détestent la publicité. La présence d'une inconnue peut les refroidir. Peut-être n'aurais-tu pas peur ?

Mes précautions ne servent à rien. J'évite le complexe sportif, avec les courts de tennis et le terrain de basket. J'évite les alentours du Café des Lilas qui rassemble les machines à sous hurlantes et les buveurs de bière. J'évite les pièges possibles, en longeant la rivière, en empruntant les petites rues, un long détour qui m'amène derrière la boutique du marchand de fruits et légumes.

– Salut l'avorton !

La voix claque dans mon dos. Celle de Diesel. Je sursaute et aussitôt, je me sens tomber dans le gouffre noir et sans fond de la peur.

Ils sont assis sur le muret qui borde l'ancien lavoir. J'aurais dû y songer. Un endroit sombre, frais, à l'écart, qui facilite les mauvais coups et encourage la lâcheté.

– Salut Léonard le connard, braille Sugar. Tu te balades ?

– Alors, le fils du taulard, Léonard le connard, ton père sort bientôt du trou ? surenchérit Love Me.

Ils mangent des glaces. Ils les lèchent lentement, planqués dans leur poche d'ombre, et me lorgnent, pétrifié dans ma flaque de soleil. Je suis comme un insecte épinglé à son carton dans un musée. Pas question de m'éloigner avant qu'ils ne m'y autorisent. L'avertissement date de notre premier face-à-face, une rencontre terrifiante que je n'oublierai jamais.

– Quand on parle, tu écoutes, avait dit Diesel. Tu bouges si on te le permet. Tu t'en vas quand on te dit « tire-toi », pas avant. Tu comprends ce que je t'explique, demi-portion ?

Diesel est grand. Musclé. Un corps composé entièrement de méchanceté. Love Me aussi est méchante, et surtout cruelle. Rien ne la retient. Elle a des ongles d'une longueur impressionnante, limés en pointes et je suis certain qu'elle n'hésiterait pas à me crever les yeux. Elle est belle, pourtant, sous son casque de cheveux noirs coupés très courts. Son sourire peut être magnifique. Sugar est le plus pacifique des trois, mais il est bête comme ses pieds. Il obéit aux autres. Il est presque aussi fort que Diesel, alors que moi…

– Quel freluquet ton Léo ! s'exclame la sœur de maman, à chacune de ses visites. Il ne grandit pas vite et il pèse moins que mon fils qui a un an de moins. Tu le nourris correctement, j'espère ?

Sonia cesse vite de plaisanter. Ma mère déteste ces allusions à mon physique. Elle s'inquiète de mon manque d'appétit et de voir qu'à bientôt quinze ans, ma croissance piétine.

Sugar, Love Me et Diesel ont seize ans sur leur carte d'identité, mais c'est leur cerveau qui piétine chez eux. Des cerveaux fossilisés depuis la préhistoire, avec leurs replis encrassés de violence animale. Je le pense, en tout cas, même si papa affirme qu'on n'a pas le droit de réduire l'être humain à ses seuls actes, que c'est plus compliqué. Il dit ça pour lui, à cause des vols qui l'ont mené en prison, mais là, je suis d'accord.

Pas d'accord pour eux.

– Tu vas où ? demande Sugar, en repoussant

son ignoble casquette sur l'arrière de son crâne de débile, rasé comme un œuf. Une casquette blanche, du moins elle l'était dans le magasin d'où elle provient, taguée maintenant d'un *Sugar* inscrit au feutre noir et auréolée de cernes de crasse et de transpiration mêlées.

Les trois sont vêtus d'une façon identique. Survêt', baskets. Même Love Me.

– On est des rappeurs professionnels, clame partout Diesel.

Ses yeux délavés ressemblent aux galets usés des bords de mer. Il les plante dans ceux de la personne à qui il s'adresse. Des lames de rasoir qui préviennent : « Te marre pas, sinon… »

– Ah oui, des rappeurs ? a ricané le prof de maths de notre classe de troisième. Vous regardez trop la télévision et croyez trop à ce qu'elle raconte. Ici, on habite Ploucville. Votre tenue ferait rigoler un troupeau de kangourous.

Les kangourous, c'est parce que Tony Richardson, le prof, est australien. Il s'exprime toujours sans prendre de gants. Cette fois, sa franchise lui a coûté les quatre pneus de sa voiture déchirés au cutter.

– Alors, t'es sourd ? reprend Sugar. Je te demande où tu vas, Léo le balèze ? Draguer une meuf ?

Les trois éclatent de rire, puis balancent ce qui reste de leur glace dans l'eau du lavoir.

– Par là… Je vais par là… Une course.

J'évite de les regarder en face. Surtout Diesel et Love Me.

– Y va draguer une meuf, répète Sugar, entre deux quintes de rire.

Le mot « meuf » lui plaît. Il l'entend à la télé. Le look rappeur tel qu'il l'imagine.

– Alors, t'as du fric si tu fais les courses pour ta gentille maman ? déclare Diesel, en dévoilant la blancheur de ses dents, sous un sourire immense qui lui éventre le visage.

Je n'aime pas du tout ce sourire mais je ne bronche pas. Le mieux est de ne pas broncher. Parfois, je m'en sors si j'arrête de bouger et de respirer. Qu'est-ce que je peux faire d'autre ? Je ne suis pas un héros, comme ceux des jeux vidéo qui éclatent trente types à la suite.

Love Me décolle ses fesses du muret. Elle ouvre son blouson Adidas, comme si elle crevait de chaud et elle crève sûrement de chaud vu la température incroyable de ce mois de mai, mais ce n'est pas pour cette raison qu'elle écorne son image de soi-disant rappeuse. Dessous, elle montre ses seins à peine voilés d'un T-shirt débraillé, sur lequel elle affiche son nom de scène. C'est elle qui dit « Love Me est mon nom de scène », mais la scène est surtout dans sa tête car leur groupe de rap, *Sans Lendemain*, n'est jamais monté et ne montera jamais sur aucune scène. Love Me en lettres rouges. On dirait une éclaboussure de sang. Elle s'approche. Très près. Une belle fille brune, Love Me, aux yeux d'un vert de lac profond, sur lequel il vaut mieux ne pas s'aventurer, surtout sous un soleil si hypocrite. Et justement, du soleil elle en met plein ses yeux et elle ajoute aussi du sourire à ses lèvres. Une tentation diabolique. Ses seins sont magnifiques. Je suis obligé de les voir quand ses doigts aux ongles effilés tirent sur le tissu du T-shirt.

– Ils te plaisent, Léo ? murmure Love Me, en employant la voix sucrée d'une actrice de mauvais film.

Je hausse les épaules.

Les autres rient.

– En attendant, file ton fric, ricane Diesel.

Love Me tend la main. Je donne mon billet de dix euros. Love Me se colle à moi. Elle sent la transpiration.

– Tu peux toucher, si tu veux. Je suis d'accord.

Sa voix est encore plus douce, ses yeux encore plus ensoleillés. Un autre que moi se laisserait prendre, parce que Love Me est une fille somptueuse. À l'extérieur, mais à l'intérieur, c'est de la boue.

Je garde mes bras contre mon corps. Puis, je murmure : « S'il te plaît, laisse-moi tranquille, Moni… » Sugar retire sa casquette. Il s'en frappe les cuisses et crie :

– Combien de fois on t'a dit Léonard le connard de ne jamais prononcer nos noms ordinaires ! Nos noms de rappeurs, seulement eux, tu comprends ou t'es sourdingue ?

J'esquisse un vague sourire qui ressemble à une demande d'excuses, puis je mets les choses au point avec Love Me.

– S'il te plaît, Love Me, ne m'oblige pas…

– Alors, t'es pédé ? C'est ça, hein, le fils du taulard est pédé et tu ne voulais pas l'avouer ! Dommage, moi ça me dirait un beau mec comme toi.

Elle se colle encore plus à moi. On dirait qu'elle veut s'enrouler autour de moi. Elle me dépasse d'une tête. La douceur hypocrite de son visage a disparu. Les yeux verts sont devenus aussi opaques que des culs de bouteilles. Ça va mal se terminer.

Elle pose une main sur ma poitrine, ses lèvres sur ma joue glacée. Sa voix n'est plus qu'un murmure.

– T'es peut-être pas pédé, après tout. Diesel dit que tu sors avec une bêcheuse, une bourge du quartier du Tertre, Marlène je ne sais qui. C'est vrai ?

Diesel et Sugar braillent en même temps « Léo le puceau ! ». Ils se flanquent des coups de poing, leur façon à eux d'afficher leur accord et leur satisfaction. Love Me en profite pour glisser ses lèvres sur les miennes. Elles sont humides, elles sentent la glace à la fraise et les miennes sont sèches comme des feuilles mortes. Sans le vouloir, Love Me me sauve. Sugar rugit.

– Hé, ça suffit, on a pigé, Love Me !

Diesel se lève d'un bond. Je crois qu'il va me frapper. Il semble très en colère.

– Y en a marre, Love Me ! Arrête de draguer ce petit pédé !

Je réalise que ces deux abrutis sont jaloux. Ils sont amoureux de Love Me, se la disputent, mais l'habileté de cette fille lui dicte de ne rien promettre ni à l'un ni à l'autre. Elle joue de leur rivalité.

Diesel serre les poings. Sugar l'observe afin de calquer son attitude sur celle de son Dieu. Il serre donc les poings à son tour, mais les tend vers moi en couinant.

– Je te conseille de ne pas en profiter, trouduc ! Love Me aime les vrais mecs, pas les demi-portions !

Diesel lève le bras droit et montre la rue qui rissole au soleil de l'après-midi.

– Tire-toi, Léo. Je t'accorde trente secondes pour disparaître.

Love Me m'adresse un clin d'œil. Elle parle fort, de façon à ce que Diesel et Sugar entendent.

– Raté pour cette fois, mon petit Léo chéri, mais on remettra ça un jour où ces deux empaffés ne croiseront pas dans les parages.

Elle éclate de rire.

Je rentre à la maison. Ma chambre. L'ordinateur. Le jeu. Jusqu'au retour de maman. Ce soir, je téléphonerai à Marlène pour lui demander si elle reste à Sponge ce week-end ou si elle va à Dijon, chez sa grand-mère.

Reste avec moi, Marlène, oh oui, réponds-moi que tu restes.

CHAPITRE IV

Deux jours après le meurtre de David Legal, l'adjudant-chef Lili Rigosi demeurait sonnée par les révélations du début de l'enquête et la présence de cette pièce de jeu d'échecs dans la main de la victime. Elle avait relu vingt fois la lettre envoyée par le correspondant anonyme lors de sa nomination à la brigade de Sponge. Elle examinait à la loupe le dessin médiocre la signant, la reine de jeu d'échecs. Une coïncidence troublante.

Lili préparait la réunion qu'elle tiendrait avec les hommes de la brigade, réunion qui lui permettrait de transmettre les premières constatations au procureur. Elle hésitait. Joindre au dossier la lettre reçue ? En définitive, elle décida de ne pas le faire, suivant ainsi un conseil de Vlad. Elle ne disposait pas d'éléments précis et une coïncidence n'apportait rien à l'enquête.

Elle relut le rapport de Vlad. Ce dernier disposant d'une mémoire phénoménale, elle ne craignait pas que des oublis ou des erreurs existent dans la relation de leur entretien avec le couple voisin de Legal, mais elle tenait à en connaître le contenu par cœur. Ainsi, elle ne consulterait pas ses notes pendant la réunion et surtout, si le proc' téléphonait, elle répondrait sans hésitation à ses questions. Lurçat méprisait les gendarmes, jugés a priori incapables de diriger une enquête criminelle, il méprisait Sponge et toutes les petites villes jugées comme des trous infects peu propres à servir sa carrière, et pour faire bon poids, il méprisait aussi les femmes qui occupaient, selon ses propres termes, des postes « d'homme ». Lili, femme gendarme dirigeant la brigade d'un « trou infect », cumulait donc les handicaps, mais elle n'avait pas l'intention de supporter la morgue de Jean-Baptiste Lurçat.

En relisant, Lili Rigosi revécut l'interrogatoire du couple Biegel. Elle oublia le rapport de Vlad et se retrouva dans la salle de séjour des voisins de David Legal.

– La police chez nous, j'aurais jamais cru, bredouillait Yvette Biegel, en essuyant son visage inondé de larmes.

Lili fit signe à Vlad de s'asseoir à côté d'elle sur le canapé. Une banquette étroite, disposée face à la télévision. Ils étaient serrés. La chaleur de la cuisse de Vlad, contre la sienne, était un réconfort.

– Asseyez-vous, proposa Vlad, au couple qui paraissait en visite dans son propre appartement.

Yvette et Marc Biegel s'effondrèrent chacun sur un minuscule fauteuil.

– Un crime chez nous et ce pauvre David Legal, juste en face, dans quel monde on vit, soupira Marc Biegel.

Lili était mal à l'aise. Interroger ces deux vieux épouvantés, en pleine nuit, les forcer à réfléchir, les empêcher de pleurer, tout cela devenait une torture indécente, mais elle n'avait pas le choix.

Elle s'adressa d'abord à la femme, vêtue d'une mince robe. Pourtant elle transpirait.

– Madame Biegel, pouvez-vous recommencer le récit de ce qui est arrivé, en confirmant ce que vous avez raconté au brigadier Livov ? C'est si étonnant.

Yvette Biegel cessa de renifler. Elle dévisagea Lili Rigosi, puis Vlad. Une soudaine sévérité tendit les muscles de son visage, jusque-là dissous par les larmes.

– Ben tiens que je peux ! Vous croyez que j'invente ?

– Calme-toi, ma Vette, murmura le mari. Il mit sa main sur le bras de sa femme. Il n'était vêtu que d'un short et

d'un T-shirt blanc. Lili ne put s'empêcher de penser à ses grands-parents. L'émotion l'étreignit. Elle s'empressa de poursuivre.

– Bien sûr que non, madame Biegel. Mais votre témoignage si stupéfiant est capital pour l'enquête. Le brigadier Livov doit prendre quelques notes.

Vlad sourit. Sortit de sa poche un petit enregistreur. Il adressa un clin d'œil au couple avant de parler.

– L'adjudant Rigosi est démodée. Maintenant, on n'a plus de carnet et de stylo, mais un appareil.

Le couple n'écoutait pas. Il pensait à ce qu'ils avaient vécu, à leur peur, à ce qu'ils allaient dire et à la peur des jours suivants, quand il faudrait affronter l'appartement vide d'en face. La peur ne les quitterait pas durant des jours : ils seraient aux aguets du moindre bruit dans l'immeuble.

– On vous écoute, madame Biegel, proposa Lili.

Elle constata que Marc Biegel caressait le bras de sa femme pendant le récit.

– On regardait la télévision, commença Yvette Biegel, vu qu'on ne peut pas dormir avant point d'heure à cause de la chaleur étouffante dans ces appartements cages à poules. Les H.L.M. ne font aucun travaux depuis des années…

– Madame Biegel, intervint Vlad, très doucement, ne vous éloignez pas de notre sujet.

Il glissa une main dans ses cheveux qu'il repoussa en arrière. Lili sourit intérieurement. Elle connaissait l'efficacité de ce geste. Le visage si fin, si beau, se dégageait, livrant en totalité l'innocence d'un sourire à peine esquissé. L'interlocuteur ne résistait pas à ce visage-là et craquait. Yvette Biegel craqua. Elle ravala un reste de chagrin, dit : « Vous avez l'air gentil, vous », puis poursuivit son récit.

– Il était tard, plus de onze heures en tout cas, quand on a entendu la détonation.

Le mari poussa légèrement le bras de sa femme.

– Ma Vette, on ne savait pas que c'était une détonation. On a cru à un bruit…

– Oui, oui, coupa vivement Yvette Biegel, j'allais y venir, mais je ne veux pas mettre la charrue avant les bœufs…

Lili appuya sa hanche à celle de Vlad. Une façon de communiquer, de dire « ils oublient leur peur ». Elle éprouvait le besoin de sentir la chaleur de Vlad. À vingt-cinq ans, elle avait connu plusieurs hommes : aucun ne l'avait bouleversée à ce point… Au point de devenir idiote. Chaque jour, elle se jurait de lui avouer son amour et chaque jour, elle restait la bouche ouverte, le cœur battant, la peur au ventre.

– Marc m'a demandé si j'avais entendu, parce que des fois nos oreilles nous jouent des tours, et je lui ai répondu : « On dirait un truc qu'est tombé, va donc voir à la cuisine… »

– Alors, je t'ai dit : « ça ressemble à un coup de fusil », interrompit le mari, en hochant la tête.

– Oui, Marc pensait à ça, mais comme ça n'avait aucun sens chez nous, on a continué à regarder la télé, une histoire de Maigret justement.

Yvette Biegel se tut. Durant quelques secondes, se produisit un silence étrange, comme si les vieillards méditaient la suite de l'histoire et doutaient de sa réalité.

Vlad adressa un bref coup d'œil à Lili. Intervenir ou pas ? Les paupières de l'adjudant-chef Rigosi clignèrent. Attendre.

L'homme soupira. Marmonna :

– Je peux pas le croire.

Lili s'engouffra dans la brèche.

– Qu'est-ce que vous ne pouvez pas croire, monsieur Biegel ?

Elle transpirait. Le chemisier bleu de l'administration, d'un tissu épais, supposait qu'un corps humain ne transpirait pas. En tout cas, pas celui d'un gendarme.

Marc Biegel rapprocha encore son fauteuil de celui de sa femme. Puis :

– Ben que c'était un gosse.

– Racontez ce qui s'est passé, dit Lili.

– Je vous l'ai déjà dit et je l'ai déjà dit au brigadier, marmonna l'homme.

Vladimir Livov ressortit son sourire d'ange fatigué, mais compréhensif.

– Exact, mais nous devons l'entendre une dernière fois.

– Ben, au bout d'une minute ou deux, on a sonné à la porte, déclara Marc Biegel. J'ai dit à Vette : « qui ça peut être à pareille heure ? », j'ai coupé la télé et on a été tous les deux à la porte, un peu apeurés, mais si on s'attendait…

– Toi, tu n'avais pas peur, intervint fièrement la femme. Vous savez, inspecteur, mon mari n'a peur de rien.

Lili Rigosi sourit. Allons-y pour « inspecteur ». La fierté de cette femme pour le courage de son mari disait à sa manière une vie d'amour entre les deux.

– Ben, pas trop non, admit Marc Biegel. J'ai ouvert. D'abord, on n'a pas vu David Legal étendu dans son couloir, mais seulement le gosse qui avait sonné à notre porte et qui descendait tranquillement l'escalier.

– Pourquoi dites-vous un gosse ? demanda Lili.

– Ben, je sais encore repérer un gosse quand j'en vois un, même de dos ! protesta Marc Biegel. Quand je dis un gosse… Bon, plutôt le genre adolescent, comme il en traîne en pagaille dans les rues, pas plus d'un mètre cinquante à mon avis, pas trop épais non plus dans son survêtement blanc, vous savez ces trucs que portent les jeunes à la télé, avec la capuche sur la tête… Le genre rappeur quoi…

– Oui, mais lui à la place de la capuche, il portait une casquette, celle qu'on a ramassée dans l'escalier et qu'on vous a donnée, rectifia la femme.

Vlad prit la parole afin que la pièce à conviction soit notée sur l'enregistrement.

– La casquette est blanche, marquée d'une inscription en grosses lettres noires : Sugar. Elle figure dans le scellé numéro 1, le scellé numéro 2 contenant la pièce du jeu d'échec.

Il regarda Lili, afin d'obtenir son approbation. Il la trouva affreusement pâle, la mine chiffonnée.

– Continuez, je vous en prie, ordonna Lili Rigosi.

– Y a pas grand-chose à continuer, dit Marc Biegel, d'une voix étouffée. Nous, on voyait ce gosse descendre l'escalier, le fusil à canon court dans la main gauche, comme je vous l'ai déjà dit. Il ne se pressait pas. Puis, d'un coup il a crié…

Yvette Biegel leva le bras droit devant son visage et le manipula de gauche à droite, comme un métronome, marquant ainsi son désaccord. La main maigre ressemblait à une feuille sèche au bout d'une branche morte.

– Marco… Je crois pas qu'il criait le gosse… Je… On aurait dit une plainte, un miaulement de chat malade… On aurait dit qu'il se retenait de pleurer…

Le front de Marc Biegel se couvrit de rides. Il considéra sa femme, comme si ses propos le surprenaient, qu'il y réfléchissait. Son regard dériva jusqu'à Lili Rigosi. Le vieux fit une moue, remua les lèvres dans le vide, puis se décida :

– Oui, ça se peut bien… Peut-être que ma Vette a raison.

Silence.

– On en reparlera les jours prochains, proposa Lili. Vous aurez le temps d'y repenser. Dites-nous exactement quelles paroles l'assassin a prononcées.

Yvette Biegel ouvrit grand les yeux. Elle s'exprima en regardant son mari, quêtant ainsi une approbation à des propos qu'elle jugeait manifestement incohérents.

– Il a dit : « Dites aux gendarmes que Sugar m'a tué » et il a lancé sa casquette en l'air. Après, il a descendu les escaliers en courant, sans faire de bruit à cause de ses baskets. On a été ramasser la casquette, mais en passant devant la porte du voisin, on l'a vu étalé dans le couloir et…

La femme éclata en sanglots. Le mari se pencha et l'étreignit.

– Allons, allons ma Vette, c'est fini tout ça.

– Vous n'avez pas vu le visage du meurtrier ? demanda Vlad.

Le couple hocha affirmativement la tête.

– Il me faut une réponse à voix haute, insista Vlad.

– Non, on n'a jamais vu son visage, reprit docilement Marc Biegel.

Lili hésita. Devait-elle poser la question ou était-ce influencer les témoins ? Le procureur jubilerait si elle commettait une erreur. Elle opta pourtant pour le risque.

– Madame et monsieur Biegel, avez-vous connaissance d'une célèbre affaire criminelle dans laquelle la victime avait écrit avec son sang, avant de mourir, « Omar m'a tuer » ? Il y avait une faute d'orthographe à « tuer ». Et le présumé coupable s'est avéré être innocent.

– Je ne comprends pas, marmonna Yvette Biegel.

– Il n'a pas dit « Omar m'a tué », rectifia Marc Biegel, mais « Sugar m'a tué ». On est vieux, mais pas sourds. D'abord, la casquette est marquée Sugar.

Lili sourit. Vlad lui adressa un signe discret, touchant à peine son genou. Laisse tomber. L'évidence s'imposait : le criminel avait volontairement choisi cette phrase qu'il utilisait comme un message adressé aux gendarmes.

Après…

Après, il avait fallu prendre une tasse de café. Rassurer. C'est fini, dormez tranquilles. Mais ils n'étaient pas parvenus à éteindre l'angoisse du couple qui demandait sans cesse :

– Pourquoi il a tué David Legal, notre voisin ? Pourquoi il ne reviendrait pas pour nous puisqu'on a tout vu.

En quittant l'appartement, Lili Rigosi éprouva le sentiment d'être inutile. Combien de jours gâchés attendaient ces vieux si gentils, témoins malgré eux d'un acte barbare ? Et l'adjudant-chef qu'elle était ne servirait à rien tant que l'assassin ne serait pas en prison. Le corps de David Legal avait été emporté, les policiers du SRPJ[1] *étaient partis, les gens étaient rentrés chez eux : pourtant, toutes les fenêtres de l'immeuble étaient éclairées. Lili et Vlad, sur le parking, sentaient la coulure de l'air chaud sur leur visage épuisé.*

– Demain, à neuf heures dans la salle de réunion, dit Lili.

– Oui, chef, ironisa Vlad. À vos ordres, chef.

– Vlad ?

– Oui ?

Ils étaient très proches l'un de l'autre, avant de remonter dans la voiture de la gendarmerie.

– Vlad, tu ne voudrais pas…

Lili s'était mordue la langue, cisaillant net la fin de sa phrase qui se déroula dans sa tête : « Tu ne voudrais pas venir chez moi, dormir avec moi, te serrer contre moi ? »

– Rien, Vlad, rien. Rentrons. Nous verrons plus clair demain.

Lili referma le mince dossier, intitulé provisoirement « Sugar, le rappeur de la nuit ». Un humour

1. Service régional de police judiciaire.

macabre dont Vlad aurait pu se dispenser. Cette réflexion l'amena à oublier la réunion qu'elle préparait et à penser à Vlad. Pourquoi vivait-elle une pareille incapacité à avouer à un homme : « Je t'aime » ? Pourquoi fuyait-elle toujours de cette façon, rompant la première les liens qui apparaissaient ? Elle tiendrait bon avec Vlad. Cette fois, elle ne gâcherait rien. Elle mettrait du temps, accepterait que son manque d'audace lui en fasse perdre, mais elle n'abîmerait pas les sentiments qu'elle ressentait pour son adjoint.

Lili entra dans la salle, gagnant à grands pas sa place derrière la table ronde, évitant ainsi de subir trop longtemps les regards ahuris de la brigade découvrant sa robe. La chaleur étant insupportable, la tenue réglementaire des gendarmes à l'intérieur des locaux, ça non. Être le chef offrait un avantage : aucun supérieur hiérarchique ne vous obligeait à ressembler à un sac poubelle.

Vlad, assis à côté, se pencha discrètement, sa bouche approchant aussi près de l'oreille de Lili que la décence l'y autorisait.

– Bravo, mon adjudant ! N'est-ce pas un peu osé ?

Ses yeux riaient. Lili rosit vaguement. Riposta, tout aussi discrètement, mais avec un peu de nervosité : « Ça vous plaît, brigadier ? »

Elle portait une robe d'une minceur calculée au micron près. Le vêtement dégageait le cou, beaucoup de cou, les épaules, beaucoup d'épaules, les jambes, pas mal de jambes, et à part ça, on voyait surtout les ongles peints des doigts de pieds émergeant des deux ou trois lanières de cuir censées être des chaussures.

– Messieurs, commençons, proposa Lili. Vous connaissez les données. J'attends un appel du SRPJ d'ici un quart d'heure, alors ne perdons pas de temps. Vlad, on vous écoute.

Vladimir Livov fixa d'abord le mur en face de lui. À quoi servait ce rabâchage ? Ils savaient tout ou à peu près. Il fit une grimace et se lança dans le énième récit des événements.

– Le couple Biegel déclare que le coupable serait un adolescent, ce qui semble difficile à admettre.

– Pourquoi ? grogna Thénot. Un gosse criminel, ça s'est déjà vu, hélas.

Lili haussa les sourcils. Si Olivier Thénot prenait la parole, ils y passeraient la journée, et pour des nèfles, car ses capacités d'analyse valaient celles d'une pintade.

– L'arme du crime est un fusil de chasse à canons sciés, expliqua posément Vlad. Ce n'est pas le genre d'objet qui traîne partout et sûrement pas à proximité des mains d'un adolescent. Le couple Biegel s'est probablement laissé impressionner par le survêtement, la casquette, bref le harnachement ordinaire de beaucoup de jeunes.

– Rien ne le prouve, marmonna Thénot.

Vlad hésita.

– Continuez, dit Lili.

Ce vouvoiement la gênait. Il était idiot. Elle prit une soudaine décision, sans réfléchir.

– Continue, Vlad.

Il y eut un flottement. Jimmy Rigoire cessa de se ronger les ongles. Éric Malot sourit, considéra Marc Balu en adoptant l'attitude finaude du type qui savait tout et transmet le message « tu vois, je te l'avais dit que ces deux-là… ».

Vlad avala sa salive. Il devait la tutoyer en public, à son tour, et l'appeler Lili ? Les autres allaient faire la gueule. La journée s'annonçait tendue. Vlad se dit qu'il ferait avaler la pilule sous le prétexte « privilèges de gradés ».

– Autre chose, poursuivit le brigadier. L'assassin a crié, en s'enfuyant : « Dites aux gendarmes que Sugar m'a tué. » Jamais un adolescent n'aurait fait preuve d'une telle ironie macabre. D'ailleurs, aucun ado ne connaît le célèbre fait divers ayant débouché sur l'inscription « Omar m'a tuer ».

– Je suis d'accord, intervint Lili. Troisième élément : le présumé coupable cherche à se faire remarquer. Il sonne chez les voisins, balance sa casquette, s'enfuit sans se presser. On dirait qu'il veut se faire prendre, ou alors, il dispose d'un culot monstre au point de nous narguer. Cette conduite ne ressemble pas à celle d'un adolescent. Le proc' semble d'accord avec notre analyse.

– Alors, si le proc' nous suit, fabuleux ! ricana le gendarme Éric Malot.

Thénot, de mauvaise humeur, revint à la charge.

– Les ados d'aujourd'hui sont justement du genre à prendre les adultes pour des cons et particulièrement nous, les gendarmes... Les keufs, comme ils disent. Moi, je trouve que cette attitude colle bien avec la tenue de rappeur polichinelle.

– Ça signifie quoi, pour vous, l'expression « rappeur polichinelle » ? demanda Lili, sans hausser le ton.

Son regard transperça celui de Thénot. Attendit. Son visage demeura parfaitement lisse. Elle connaissait les opinions du gendarme : pour lui, la plupart des jeunes s'identifiaient à leur tenue et à leur langage. La « racaille », appellation qu'il affectionnait, portait des survêtements à capuche et disait « keuf » plutôt que « flic ». Thénot supporta son regard sans baisser les yeux. Mieux même, il haussa les épaules et fit flotter un sourire ironique sur ses lèvres minces avant de développer sa conception du métier.

– Des traîne-savates, il en existe à la pelle et notre boulot ne consiste pas à nous conduire en curé avec eux. L'assassin de Legal, si on s'en était occupé avant…

Vlad s'agita. Rigoire cessa de se ronger les ongles. Malot dévisagea son collègue frondeur avec intérêt. La discussion risquait de tourner à l'affrontement verbal autour de ce qu'étaient ou n'étaient pas les jeunes. Ça ne mènerait nulle part. Chacun, à la brigade, avait eu droit aux théories éducatives de Thénot qui n'avait pas d'enfants, n'en voulait pas, mais disposait d'un arsenal complet permettant de bien les élever. Lili capitula et revint au dossier « Sugar, le rappeur de la nuit ».

– Je retiens ma version. L'assassin n'est probablement pas un adolescent. Le couple Biegel, très effrayé, apporte un témoignage troublant, mais discutable quant à la personne aperçue dans les escaliers. Dommage qu'ils soient les seuls témoins visuels. En revanche, on peut affirmer que le criminel est un malade mental. Il en a trop fait. Ses provocations, cette pièce d'échecs, son accoutrement, tout prouve un fort déséquilibre de la personnalité et ce constat m'inquiète. Ce crime n'a, pour le moment, aucun mobile…

Elle se tut, laissant le silence nourrir dans les têtes les motifs de son inquiétude.

– Vous pensez qu'il peut recommencer ? demanda enfin Éric Malot.

Lili grimaça. Vlad opina, avant d'expliquer pourquoi Lili et lui parvenaient à cette conclusion.

– Cette pièce d'échecs abandonnée sur le corps de la victime…

– Elle appartenait peut-être à Legal, coupa Balu.

– Peu de chance, dit Vlad. On n'a pas trouvé de jeu d'échecs dans l'appartement, donc on ne voit pas pourquoi la victime irait ouvrir sa porte en tenant un pion, le fou, dans une main. L'assassin l'a laissé là volontairement, signant ainsi son crime. Ainsi que le note l'adjudant, cette façon de se conduire indique que l'individu ne tourne pas rond. Il est dangereux et peut récidiver. Il est possible aussi que ses actes le culpabilisent au point qu'il cherche à se faire prendre.

– Ça promet ! soupira Jimmy Rigoire. J'espère qu'on ne va pas encore être emmerdé comme ça d'autres nuits.

Il replongea aussitôt sur ses ongles dont il crachotait les rognures sous la table. Lili ne le supportait pas, tout en comprenant que chacun évacuait la tension nerveuse à sa façon. Elle s'adressa à Marc Balu.

– Résumez-nous vos notes prises pendant les interrogatoires des résidents de l'immeuble de la rue Molière. Tenez-vous en surtout à ce qu'ils ont dit sur Legal.

Le gendarme Balu tira un carnet de la poche poitrine de sa chemise bleue réglementaire. Il prit son temps. Temps pendant lequel Vlad se conduisit en gamin amoureux. Sa jambe droite toucha, comme par mégarde, la jambe gauche de Lili. Son cerveau crépita d'une prière silencieuse : « Surtout, ne bouge pas, ne la retire pas s'il te plaît », mais Lili recula sa chaise et croisa les jambes. Le tissu léger de la robe jaune se déploya autour de ses genoux. La brigade avala sa salive. Malgré sa déception, Vlad retint son envie d'éclater de rire. Le naturel de la conduite de Lili Rigosi, après toutes ces heures d'angoisse, était réconfortant. Peu lui importait la présence des cinq hommes : elle avait chaud et agissait en conséquence. Balu toussota afin d'attirer l'attention et commença son exposé, la tête penchée sur ses notes.

– Voilà ce que j'ai récupéré d'intéressant. David Legal n'avait pas très bonne réputation. Il vivait un peu en marginal, auprès de sa mère qu'il semblait d'ailleurs détester, mais comme il ne travaillait pas, il profitait de son appartement et de son salaire.

À vingt-six ans passés, les habitants de l'immeuble trouvaient ça discutable, mais David n'ennuyait personne.

– C'est Legal qui affirmait détester sa mère ? demanda Vlad.

– Oui. Il ne s'en cachait pas. Il ne parlait que de son père qui les a abandonnés il y a une quinzaine d'années. Apparemment, cet abandon l'a rendu malheureux au point d'en devenir agressif avec sa mère. Celle-ci est morte dans un accident de voiture il y a six mois. Il a refusé d'assister aux obsèques.

Lili émit un sifflement de stupéfaction. Balu leva la tête, fit « oui, chef ? ».

– Excusez-moi, Balu. Ce renseignement me paraît important. Il faut être très malheureux pour ne pas assister à l'enterrement de sa mère.

– Ah bon, constata platement Balu. Puis, il poursuivit son exposé.

– En définitive, les voisins de Legal le plaignaient. Ils disent tous que c'était un pauvre type inventant des tas d'histoires abracadabrantes dans lesquelles il jouait le beau rôle.

– Quelles histoires ? exigea Lili.

Balu feuilleta son carnet.

– Par exemple, il racontait sans arrêt qu'il aurait pu devenir un grand musicien. Selon lui, quand il était jeune, il appartenait à un groupe de rap…

Balu s'interrompit et lorgna Olivier Thénot qui demeura sans réaction.

– Hé collègue, réveille-toi ! dit Balu. Le rap ! Un rappeur polichinelle : bingo pour toi !

– Continuez ! ordonna sèchement Lili.

– C'est presque tout, fit Marc Balu. La victime s'inventait un passé prestigieux. Son groupe préparait un CD, mais le départ de son père avait tout fichu en l'air parce que sa mère refusait qu'il fréquente les autres rappeurs qu'elle appelait des racailles.

– Tiens, tiens, comme on se retrouve ! triompha Olivier Thénot, un sourire de loukoum mâché aux lèvres.

Le coup d'œil meurtrier de Lili Rigosi le dissuada d'entamer une discussion sur le sens des mots. Elle pointa l'index de la main droite vers Balu.

– Rien d'autre ?

– Des bricoles. Legal n'avait aucune relation. Il passait le plus clair de son temps vautré devant la télévision, selon les dires des habitants de l'immeuble qui lui parlaient de temps en temps. Monsieur Cloudet, qui habite l'appartement du dessous, affirme qu'une jeune femme lui a rendu visite trois ou quatre fois. Une femme d'un rang social plus élevé. La mère de Legal ne l'aimait pas. Cloudet a surpris une engueulade sur le palier. Elle flanquait cette femme dehors. En dépit de son espionnage attentif, il n'a pas su pourquoi. Voilà, c'est tout.

Marc Balu referma son carnet. Lili Rigosi décroisa les jambes et rapprocha sa chaise de la table.

– Vous avez des remarques, des commentaires, des questions ?

Silence. Elle en avait l'habitude. Seul Vlad parlerait. Elle se tourna vers lui.

– Vlad ? Tu tires quelle conclusion ?

Ce n'était certes pas le moment, mais Vlad était fasciné par la douce ondulation des lèvres de Lili. Des lèvres à peine soulignées de violet, l'exacte teinte de ses yeux, et la conclusion qu'il en tirait consistait à dire « j'aimerais embrasser tes lèvres », mais il dit :

– Cette histoire de groupe de rap est troublante. On ne peut pas jeter à la poubelle le témoignage Biegel, le meurtrier plus ou moins vêtu en rappeur, cette casquette « Sugar »…

Silence.

Lili pensa à la pièce d'échecs. Un fou. À celle dessinée sur la lettre qu'elle avait reçue. Une reine. C'était troublant aussi. Elle décida d'en parler, ainsi qu'elle l'avait fait avec Vlad, la veille, passant donc outre à son conseil, « laisse tomber, ça n'a pas de rapport », mais le téléphone sonna. Vlad poussa l'appareil vers Lili. Elle décrocha et appuya sur le bouton du haut-parleur de façon à ce que la brigade entende.

– Allô ? fit Lili Rigosi, du ton étouffé d'une personne redoutant une mauvaise nouvelle. À cette heure-ci de la journée, les mauvaises nouvelles provenaient de l'autoroute qui frôlait Sponge. Accidents meurtriers. Lili ne supportait pas cette horreur ordinaire que fabriquaient souvent des chauffards imbéciles. Elle commençait à se dire que peut-être, comme Vlad, elle ne ferait pas carrière dans la gendarmerie.

– Commandant Jean Gautier du service régional de l'identité judiciaire. Je souhaite parler à l'adjudant-chef Rigosi.

– C'est moi.

– Mes hommes ont terminé le travail concernant le meurtre de David Legal, d'après les pièces que vous avez fournies et nos propres relevés d'indices sur place. Je transmets notre rapport au procureur, je vous envoie le double, mais je vous téléphone les résultats pour gagner du temps.

Lili étreignit le téléphone. Un instant crucial. Les conclusions du SRIJ feraient avancer l'enquête ou la bloqueraient au point mort.

– Je vous écoute, commandant, dit Lili d'une voix plus ferme. Son regard croisa celui de Vlad. Un éclat des yeux verts qui transmettait des encouragements.

– Les empreintes relevées sur la pièce d'échecs et sur la casquette sont semblables, annonça Gautier.

Il toussota, rectifia :

– Enfin, c'est plus compliqué que ça. Sur le fou, on trouve aussi les empreintes de Legal, mais elles ne figurent pas sur la casquette « Sugar ». La pièce d'échecs montre clairement une série d'empreintes qui se retrouvent sur la casquette et ce sont évidemment celles du présumé coupable. Il n'a pris aucune précaution et se moquait manifestement de laisser ou non ses empreintes.

Gautier se tut, dans l'attente de commentaires qui ne vinrent pas. La brigade semblait anesthésiée. L'ampleur de l'enquête qui s'annonçait effrayait même Lili. La crainte de ne pas réussir s'insinuait en elle. Un échec provoquerait les ricanements du SRIJ, du procureur, puis ceux de la PJ qui récupérerait l'affaire « du rappeur de la nuit » quand le proc' dessaisirait la gendarmerie de Sponge.

La voix aiguë de Thénot traversa la table.

– Chef, demandez si ça peut être les empreintes d'un adolescent ?

Lili Rigosi secoua la tête avec agacement, mais le

gendarme avait parlé si fort que Gautier avait entendu. Il répondit en employant un ton hautain, presque méprisant.

– Vous n'êtes pas sans savoir, adjudant, que les empreintes humaines ne varient pas. Elles sont présentes sur le fœtus à un mois et demeurent identiques jusqu'à la mort. On peut déceler une différence de taille selon l'âge, différence souvent peu évidente. Les empreintes relevées sur la casquette et la pièce d'échecs sont légèrement plus petites que la normale. Il faut se montrer prudent avec ces interprétations, mais elles peuvent parfaitement être des empreintes d'adolescent. Moi, en tout cas, je parierais pour le « oui ».

Un silence de vide cosmique engloutit la pièce. Les six occupants semblaient fixer un point inaccessible, situé quelque part devant eux. Cette soudaine paralysie des gendarmes dura longtemps. Puis, un sourire carnassier écarta les lèvres de Thénot. Il dressa le pouce de sa main droite et délivra sa conclusion.

– Bingo ! Le nul de service marque un essai et mérite son apéro de ce soir !

– Allô ? fit Gautier.

– Oui, oui, j'écoute, s'empressa Lili.

– Il y a autre chose, plus intéressant que les empreintes, adjudant Rigosi…

Il toussota une nouvelle fois, avant de poursuivre.

– La pièce d'échecs est étonnante.

– Pourquoi ? demanda Lili, d'une voix rauque.

– Vous ne devinerez jamais. Elle est sculptée dans du savon. Un savon vert, de médiocre qualité, qui s'achète dans n'importe quelle grande surface. C'est stupéfiant, non ? Ça étaye d'ailleurs l'hypothèse d'un adolescent. Il aurait bidouillé ça plutôt que d'acheter un jeu. Un jeu d'échecs coûte assez cher. Enfin, c'est votre boulot d'éclaircir ça et je vous souhaite bonne chance.

Le haut-parleur balança dans la pièce le signal désagréable d'une communication coupée.

CHAPITRE V

Jeudi 14 mai

J'attends Marlène à la gare. Elle rentre de son collège de Dijon par le train de 18 h. Je ferai semblant d'être là par hasard.

J'ai cru ne pas pouvoir aller à ce rendez-vous que je me suis inventé. Ils me guettent. Les trois sont postés derrière la grille quand je sors du collège. Love Me agrippe mon T-shirt.

– Hé, Léo, ton père est toujours en cabane ? Ta mère te raconte comment ça se passe, là-bas ?

Aussitôt l'envie de vomir. La pomme de quatre heures, la barre de chocolat. « Mange au moins ça, mon Léo » a recommandé Barbara. J'essaie de faire plaisir à maman, d'avaler son goûter, même si la nourriture passe mal.

Le conseiller d'éducation me sauve, sans le vouloir. Il sort sur l'esplanade, devant le collège, les appelle.

– Venez, tous les trois, je dois vous parler ! Vous commencez à m'échauffer. Votre prof de français s'est encore plainte de vous.

Love Me me lâche. J'entends Diesel qui réplique « ouais, ben on n'a pas que ça à faire », puis Sugar qui ricane, répétant mot pour mot « ouais, ben on n'a pas que ça à faire ». N'empêche qu'ils suivent le CE. Moi, je cours jusqu'à la gare. Marlène. La voir, ne serait-ce qu'un quart d'heure. Lui parler. Cueillir les sourires de ses lèvres : ils me donneront le courage de tenir jusqu'au week-end.

Marlène traverse la cour de la gare. On dirait une tache de couleur qui avance. La jupe, d'un jaune tournesol, le T-shirt jaune lui aussi, mais plutôt doré comme ses cheveux, qu'elle a nattés « à l'autrichienne », ainsi qu'elle me l'a expliqué un jour en riant. Une apparition. Jamais une fille aussi belle n'aimera un minus comme moi.

– Pourquoi dis-tu de pareilles sottises ? proteste maman, quand je lui parle de Marlène. Tu sais que tu n'es pas mal non plus, mon Léo chéri ?

Elle rit. Pas ses yeux. Ils fouillent ma mauvaise mine.

Elle rit plus fort, ajoute :

– Je reconnais que ta Marlène, aperçue au supermarché, est une belle fille, alors mon Léo, à toi de jouer. Si tu l'aimes vraiment, de toutes tes forces… Moi, je serais cette fille, j'aimerais un garçon comme toi.

Elle soupire, hésite, puis :

– L'amour, tu sais Léonard…

Ben non, je ne sais pas et je n'en apprends pas plus. Le sujet embarrasse Barbara.

Marlène m'aperçoit alors que je me cache pourtant à moitié derrière un énorme 4 × 4 aussi stupide qu'un crapaud hors de l'eau, sous ce ciel bleu et sur ce parking qui pue le goudron chaud. Elle agite un bras, appelle : « Léo ! », s'approche.

– Tu es venu m'attendre ? C'est gentil.

Je rougis, comme le triple idiot que je suis, répète deux fois « non, non, je passais par hasard », au lieu de saisir l'occasion et déclarer :

– Oui, Marlène, je t'attends parce que je t'aime, je pense sans arrêt à toi, mais je n'ose te le dire que dans mon journal.

– Pas grave, sourit Marlène. Je m'imaginerai que tu m'attendais. Tu m'accompagnes jusqu'à la maison ? J'ai un de ces boulots pour demain ! Une dissert' sur *Le Cid* ! Les profs exagèrent.

Et voilà, ça recommence, je bousille tout, comme d'habitude. Je marche à côté d'elle, sans prononcer un mot ou presque. Je l'écoute, le ventre en compote à l'idée de dire enfin LE VERBE conjugué au présent, à la première personne du singulier, pourtant le b.a.-ba appris à l'école. Marlène parle du collège. De ses copines. Du violon qu'elle adore. Plus tard, elle sera une grande violoniste.

– Aussi bonne que Menuhin.

Je me tais. Menuhin, connais pas. Le violon, connais pas.

Marlène change soudain de sujet. Sa voix change aussi. Moins forte. Plus hésitante.

– Rodrigue et Chimène, tu ne les trouves pas idiots ?

J'émerge du brouillard dans lequel je patauge, à la recherche de quelque chose d'intelligent à dire à Marlène et je bredouille : « Qui ça ? »

– Les personnages du *Cid* ! Je t'en ai parlé la semaine dernière. J'étudie cette pièce en français et j'ai une dissert' à faire pour demain.

– Ah oui, oui…

Elle me parle souvent du *Cid*. Mais *Le Cid* ne m'intéresse pas plus que le violon et je ne connais pas plus Corneille que Menuhin.

Marlène se tait. Elle se contente de marcher à côté

de moi. Ça m'arrange : je pourrais faire le tour du monde comme ça. Enfin…

Je crève d'envie de lui prendre la main. Allez, encore trente pas et je me jette à l'eau. Je le jure. Je compte. Marlène s'arrête. Elle se tourne vers moi, me fixe droit dans les yeux.

– Léo, tu ne crois pas que Rodrigue et Chimène auraient dû s'aimer, se moquer du reste, enfin je ne sais pas comment dire, mais ce qui leur arrive est ridicule.

J'ai l'impression qu'elle a les larmes aux yeux. Je me trompe sûrement. Qui pleurerait pour une histoire aussi stupide que celle du *Cid* ?

– Oui, c'est ridicule.

Ma réponse est sans risque. Je m'efforce surtout de ne pas baisser les yeux devant ceux de Marlène.

– Léo, si tu aimais une fille, tu lui dirais ? Tu te moquerais de l'opinion des autres ? Tu serais prêt à tout pour elle ?

Je rougis, bafouille.

– Ben oui, ben oui… À tout, quand même pas.

Marlène hausse les épaules. Son regard s'assombrit.

– Tu es bizarre, des fois. Les garçons, qu'est-ce que vous pouvez être décevants.

Elle reprend sa marche, mais m'avertit :

– Dépêchons-nous, je suis en retard. On se voit ce week-end ?

J'ai loupé la marche une fois de plus. Diesel a raison de me traiter de pauvre naze. Marlène, puisque je n'arrive pas à te le dire, je te l'écris : oui, je suis prêt à tout pour toi. Je t'aime. Je t'aime. Je me moque de ce que pensent les autres. Je… Avant que tu partes en Bretagne, je te raconterai Sugar, Love Me et Diesel. J'essaierai.

Je les hais.

Papa affirme que la haine ne mène nulle part. Qu'elle nous enferme dans une prison plus impitoyable que la vraie qui a des murs. Il a raison. Pourtant, je les hais de plus en plus et je ne parviens pas à me débarrasser de cette haine.

Tout commence le jour où je promène mon chien Ticki. Avant ce jour, je redoute leur bêtise, comme tous mes camarades de classe, mais ils ne me font pas vraiment peur. Il suffit de les éviter. Ils ne sont pas à mes trousses.

Maintenant, depuis Ticki, ils le sont.

Je le promène à l'ombre des marronniers plantés le long de la rivière, près du stade. Ticki est le chien de papa. Un chien trouvé, gentil, peureux, à peine plus gros qu'un coussin.

– Prends-en soin, fils, je compte sur toi, dit papa, quand il part en prison.

Six mois fermes, annonce le juge, en expliquant :

– Monsieur Xavier Toudal, la société ne peut tolérer que vous voliez ainsi des motos, sous prétexte que vous avez envie de faire un tour. Il s'agit de votre sixième condamnation, cette fois la sanction doit être exemplaire. Invoquer la maladie est trop facile.

L'avocat de papa perd son temps à expliquer, certificats des psychiatres à l'appui, que papa n'y peut rien. Il souffre d'une maladie rare qui déclenche en lui une pulsion incontrôlable devant une belle moto. Si la clé de contact est en place, il part, roule deux ou trois cents kilomètres, abandonne l'engin… et oublie tout. C'est incroyable, mais affreusement vrai. J'espère que les psychiatres le guériront un jour.

Bien sûr, je promets à papa de dorloter Ticki. Papa m'embrasse, sans poser sa valise, et dit :

– Je te fais confiance, mon Léo. Ticki sera mieux soigné que moi là-bas, mais quand même, Barbara et toi, ne le pourrissez pas, Ticki n'en fais déjà qu'à sa tête.

Donc, je promène Ticki dans l'allée, au bord de la rivière, et je les vois arriver en face de nous, déployés comme une troupe préparant un assaut. Trop tard pour reculer. Impossible de passer à côté puisqu'ils occupent toute la largeur du chemin.

– Alors, la demi-portion promène son chien ? ricane Love Me.

– Oui. C'est le chien de mon père. À plus.

Je n'aurais pas dû dire que Ticki appartenait à papa. Je n'aurais pas dû essayer de franchir la ligne de front. Je n'aurais pas dû dire « à plus », décidant de continuer ma route sans leur demander leur avis.

J'aurais dû m'alerter mentalement : « Attention, danger : individus préhistoriques, avec cerveau minimum ! »

Diesel me refoule du plat de la main.

– Hé, Léo l'intello, pas si vite. T'es plus en classe, auprès de tes profs chéris avec lesquels tu la ramènes. On te dira quand tu pourras partir. Alors, le fils à son papa promène le clebs à son papa ? Vous êtes vachement mignons, tous les deux.

Il se tourne vers Love Me, demande :

– T'aimes les fils à son papa, toi ?

Love Me est habillée de noir. Le jean, le T-shirt, les baskets. Même ses lèvres, sur lesquelles elle promène une langue gourmande, sont peintes en noir.

– Plutôt, oui. J'adorerais croquer mon petit Léo, tellement il est mignon.

– Hé, calme-toi, c'est nous que tu aimes ! s'écrie Sugar, sur le ton de la plaisanterie.

Ses yeux, pourtant, ne plaisantent pas du tout. Il s'en rend compte et insiste.

– Diesel, dis-lui qu'elle est notre meuf et à personne d'autre.

Love Me se moque de leur bla-bla. Elle me regarde. Ses yeux verts, réduits à des points méchants sous les longs cils, me lèchent le visage. Soudain, elle avance de deux pas en tendant ses mains devant elle. Elle ouvre les doigts, les ferme. Sans cesse.

– Tu as de l'argent sur toi ?

Je réplique sèchement : « Oui, et alors ? » tout en demeurant fasciné par la longueur incroyable des ongles de Love Me. Ils sont recouverts d'une épaisse et laide laque noire. Pourquoi Love Me cache-t-elle ainsi sa beauté ? Tout ce noir donne le frisson et la rend presque repoussante alors que des dizaines de garçons s'entretueraient pour obtenir d'elle un baiser.

– Tu me refiles ton argent, dit tranquillement Love Me. J'ai de gros besoins ces temps-ci.

Ses mains s'agitent d'une façon impérative. Elle ajoute : « Vite, s'il te plaît, mon Léo adoré. » Diesel et Sugar se taisent. Ils rient, puis considèrent Love Me avec une attention admirative. Ils se demandent comment elle s'en tirera et moi, je me demande la même chose pour moi et Ticki qui tire sur sa laisse.

– Non.

C'est moi qui parle.

Diesel et Sugar cessent aussitôt de rire. Ils prennent un air si mauvais que j'ai peur d'eux et oublie Love Me. J'ai tort. Elle est très pâle, mais un immense sourire déchire tout ce blanc.

– Hé, voyez-vous ça ! Il a de qui tenir, le petit Léo. On raconte que ton père est en cabane à cause d'une banque qu'il a braquée. Un super-voyou, ton père, alors tu te dis tel père tel fils et tu frimes.

Mon père, un voyou ? Je suis tellement en colère que je perds mon sang-froid. Je sais que des rumeurs dégoûtantes se répandent en ville au sujet de papa, mais Barbara me dit : « Léo, surtout pas de réaction. Tu laisses dire les imbéciles. L'insulte est un signe de faiblesse et à nous deux, on ne vaincra pas la bêtise. Toi et moi savons qui est papa, ce qu'il a fait et pourquoi : le reste ne compte pas. »

Love Me fait encore un pas, me flanquant sous le nez sa poitrine noire barrée d'un Love Me écrit en perles rouges. Diesel et Sugar, appuyés à un panneau de signalisation, demeurent aussi immobiles que la pancarte. Love Me abaisse un bras, mais son autre main vient à dix centimètres de mon visage.

– Le fric, Léo le connard.

– Non, et c'est sans lendemain, comme votre groupe de rap de chiotte.

Je fais le malin en jouant avec le nom de leur soi-disant groupe de rap de façon à montrer à Love Me que je ne la crains pas, même sous ses oripeaux d'ange de la mort.

Ses sourcils se soulèvent en ailes de corbeaux. Son front se couvre de rides perplexes.

– Vous entendez ça ? dit Love Me, d'une voix très douce. Notre Léo est un rigolo.

Elle lève le pied droit, le balance d'avant en arrière, comme quand on a des fourmis dans les jambes. Trois fois. La quatrième fois, elle shoote, oui, elle shoote dans Ticki qui hurle de douleur, se retrouve projeté un mètre plus loin car la laisse m'échappe de la main.

– Le chien de papa déteste le foot, dit Love Me, de la même voix si hypocritement douce.

Diesel et Sugar se tordent de rire. Ticki, lui, se tord de douleur et gémit.

Je gifle Love Me. Un aller-retour si violent de ma main que j'ai mal. Je n'ai pas peur. Pas encore. Love Me se tâte les joues. Elle en caresse la peau avec insistance, sans dire un mot, comme si des marques subsistent au point de la défigurer. Les autres ne parlent pas davantage. J'ai l'impression qu'ils ont peur de la force inattendue de ma révolte et qu'ils craignent que, pris de folie, je leur vole dans les plumes sans me préoccuper des conséquences. Peut-être qu'ils se demandent aussi comment Love Me réagira. Sera-t-elle à la hauteur ? À leur hauteur de crétins ?

Love Me dépasse leurs espérances.

Elle sort un objet de sa poche. Je pense d'abord à un stylo, mais du stylo émerge une lame. Un cutter. Elle avance la lame brillante vers mon visage, l'arrête à dix centimètres.

– Tu ne bouges plus, Léonard le connard.

Les mots s'échappent de sa bouche réduite à un trou minuscule. Tous les muscles de son visage se contractent autour de la haine qu'exprime cette bouche de murène. Love Me devient d'une laideur repoussante. Ma peur se réinstalle au grand galop. Mes jambes tremblent, mes mains tremblent, mes organes, à l'intérieur de mon corps, tremblent. Je ne suis plus qu'une trouille abominable posée sur deux pieds.

Cette fille est folle. Capable de me tuer. Plus tard, bien plus tard, quand notre peine est moins douloureuse, Barbara dit :

– Et toi, Léo, quand tu gifles cette fille, de quoi es-tu capable à ce moment-là ?

« De tout » murmure une voix, dans ma tête. Ma voix. Alors, je décide de ne plus jamais reparler du trio *Sans Lendemain* à ma mère.

Love Me recule, pas à pas, le cutter toujours levé devant elle.

– Te dégonfle pas, ordonne Diesel.

– Te dégonfle pas, reprend Sugar le perroquet.

Love Me ne les entend pas. Elle n'entend rien d'autre que le hurlement de la haine balayant l'intérieur de son crâne.

Elle est redevenue un être primitif.

Elle recule jusque vers Ticki, étendu sur le sol. Le chien de papa pleure. Je suis incapable de bouger, comme ligoté par les mots qui crient dans ma tête « non, pas mon chien avec le cutter… ». Elle s'agenouille.

– Te dégonfle pas, Love Me, ricane Diesel. On est là. Le fils du braqueur a pas intérêt à la ramener. Son père ne nous impressionne pas.

Love Me soulève Ticki de sa main gauche. Elle le met sous son bras, doucement, comme si elle regrettait sa violence et s'employait à ne pas lui faire davantage mal. Elle se relève. Fait cinq pas en direction de la rivière et lance Ticki dans l'eau.

– Bouge pas ! m'ordonne Love Me.

Le cutter luit autant que son regard.

Et je ne bouge pas. Je regarde le chien de papa se noyer. Ticki, blessé, est incapable de nager. Je m'entends pleurer. J'entends le silence des autres. J'entends même Sugar qui marmonne « Love Me, tu déconnes ».

Mais je laisse Ticki se noyer sans tenter quoi que ce soit. Papa me l'a confié en disant : « Ticki sera mieux soigné que moi là-bas. »

Voilà ce que je te raconterai un jour, Marlène. Je n'oublierai jamais ce qui est arrivé. Je suis un lâche. Quand tu seras en Bretagne, peut-être aurai-je le courage de t'écrire ça si je ne l'ai pas eu de te le raconter avant notre séparation.

Le pire est que papa, à sa sortie de prison, me dira : « Ce n'est pas grave mon fils, ne pense plus à cette sale histoire sinon elle te pourrira la vie. »

Samedi 16 mai

Super, super, super, super… Youpi, youpi, youpi, youpi…

Les parents de Marlène m'emmènent au bowling demain après-midi. Marlène leur a demandé, ils disent « oui ». Ensemble pendant des heures.

– Je suis contente, jubile maman. Ça t'évitera de passer ton dimanche enfermé dans ta chambre. Je n'aime pas te voir sans cesse lire, écrire dans ton journal ou jouer à ton jeu sur l'ordinateur, avec des adversaires virtuels. Tu es trop dans un autre monde, mon Léo chéri, un monde où tu es seul et ce n'est pas sain.

À la fin du repas, comme je n'ai mangé qu'une tranche de jambon et deux feuilles de salade, Barbara se fâche.

– Léo, force-toi un peu ! Tu n'as pas touché aux pommes de terre ! On dirait que tu es pressé de t'enfermer dans ta chambre. Tu es vraiment trop solitaire. Je suis contente d'avoir pris ce rendez-vous fin juin chez un spécialiste pour qu'il te donne des fortifiants ou je ne sais quoi qui t'aidera à traverser cette mauvaise période. À quinze ans, tu dois forcir un peu.

C'est une bonne idée. Si je prends trente centimètres et trente kilos, je dérouille Love Me, Diesel et Sugar. L'un après l'autre.

CHAPITRE VI

Monica Savix, allongée au bord de la piscine, ne se décidait pas à aller se coucher. Elle aimait ces moments de solitude, quand tous les invités étaient partis. À la mi-mai, c'était plutôt rare d'être en maillot de bain, à deux heures du matin. L'air était encore une étuve. Le réchauffement climatique. Monica s'en fichait comme d'une guigne tant qu'il permettait d'être si peu habillée au cœur d'une nuit de printemps. Trois lampadaires illuminaient la piscine. Une eau d'un bleu de catalogue. Derrière, la maison de trois étages, plantée au milieu d'un parc de deux hectares, le tout entouré d'un haut mur de pierres. Le « château », disaient les habitants de Sponge, avec une pointe de jalousie, quand ils désignaient la vaste demeure à l'écart, protégée par sa grille électrique et son enceinte de pierres.

Une jalousie qui rendait Monica Savix très joyeuse. Sa vengeance. Toute la ville, autrefois, la considérait avec mépris et méprisait davantage encore ses parents qui habitaient une caravane, aux abords de Sponge. Les Roumains. Les fainéants. Les voleurs. Les mendiants professionnels. Les exploiteurs d'enfants. Ni les mots ni les expressions ne manquaient pour accabler la famille Falcaru, un couple et six enfants. Monica songeait souvent à ce passé si proche. Après tout, elle n'avait que vingt-six ans et ils étaient arrivés à Sponge, après avoir erré dans une bonne partie de l'Europe, quand elle avait dix ans.

Monica Savix bâilla. Elle attendrait encore un peu avant de retrouver sa chambre où Marc, son mari, dormait, assommé par l'alcool ingurgité pendant la réception. Soixante invités. Marc était incapable de se retenir. Un verre par invité important.

– Question de politesse, se défendait-il. En plus, ces personnes peuvent ou pourront nous être utiles.

« Menteur », se disait tristement Monica. Son mari aimait boire. Elle en était désespérée. Ça finirait mal, s'il continuait. Elle connaissait par cœur les ravages de l'alcool. Ses parents étaient devenus des épaves.

Elle refusa d'y penser plus longuement. Elle voulait profiter de la propriété, de la paix revenue, jouir de la partie du parc avec son tennis qu'elle devinait grâce aux lampadaires. Profiter de la réussite incroyable qui l'avait propulsée d'une caravane à la fortune, après son mariage avec Marc Savix, propriétaire d'un label de musique indépendant, Savix Miousic, dont le succès commercial prenait des proportions ahurissantes.

Monica, malgré son désir de fuir les souvenirs, remâcha encore le passé. Elle avait mendié et volé, pour vivre ou plutôt survivre et aider ses cinq frères et sœurs à survivre. Ses parents se contentaient de boire et de dormir. Personne n'acceptait de les employer.

– Roumains ? Ah, non, désolé, la place est prise.

– Votre adresse ? Une caravane ? C'est amusant, ça… Désolé, non…

Ils ne rencontraient que des gens *désolés* de ne pouvoir employer madame et monsieur Falcaru, que personne d'ailleurs n'appelait madame et monsieur, mais les gitans, les tsiganes, les étrangers, les romanos, les marginaux, ou alors eux, là-bas, dans leur caravane, vous voyez qui je veux dire ?

Monica Savix quitta son siège, un bain de soleil confortable, afin de marcher autour de la piscine. Elle le faisait souvent la nuit, quand Marc dormait, prenant ainsi pleinement possession de sa propriété. De *sa* réussite. Elle se retenait de se tourner vers Sponge, la ville éloignée de quatre kilomètres, et de crier : « Vous la fermez maintenant, hein ! Je suis madame Savix et plus la racaille ou la pute gitane d'avant ! » Elle slaloma entre les verres, les assiettes, les bouteilles, dispersés partout sur la plage de la piscine. Les invités faisaient preuve d'un sans-gêne ahurissant. Certains avaient même jeté leurs couverts dans l'eau. Très drôle ! Delphine, l'employée de maison, aurait de quoi s'occuper.

Monica Savix avança en suivant la margelle. Elle sautilla d'un carrelage à un autre, comme un enfant qui joue et d'ailleurs, comme un enfant, elle se mit à chantonner en inventant les paroles d'une comptine.

Un, deux, trois
C'est moi qui ai droit
Quatre, cinq, six
D'être madame Savix
Sept, huit, neuf
Et plus votre meuf
Dix, onze, douze…

Elle cessa de chantonner et de marcher, ne trouvant pas de rime s'alliant à douze. Elle considéra la piscine, admirant l'éclat bleuté de la faïence. L'envie la prit de se baigner nue.

– Pas dans la journée, l'avertissait Marc. Je te rappelle que des ouvriers réparent le mur de clôture, qu'ils ont dressé un échafaudage du haut duquel ils te lorgnent sans se gêner.

Il savait combien Monica adorait le glissement de l'eau sur sa peau libre de tout vêtement.

Elle retira son deux-pièces noir. Il s'accordait magnifiquement au flot de sa chevelure très noire coulant dans son dos. Une gitane. On le lui avait assez dit, dans son adolescence, si bien qu'écœurée par les insultes et les ricanements, elle avait coupé ses cheveux très courts. Un sacrifice inutile : on la traitait de punk, de délinquante ou alors elle entendait : « Ah oui, bien sûr, à cause des poux. C'est vrai que vivre dans une caravane… »

Monica Savix caressa ses hanches parfaites. Ses seins, superbes. À vingt-six ans, elle était aussi belle que huit ans auparavant, quand Marc l'avait rencontrée, lorsqu'elle était venue proposer à Savix Miousic l'écoute d'un enregistrement artisanal. Il l'avait épousée pour sa beauté et pas seulement parce qu'elle aimait la musique.

Elle plongea. Pendant que son corps glissait sous l'eau dont la fraîcheur effaçait la moiteur de la nuit, elle se remémora les propos de Marc Savix, après l'écoute de l'enregistrement.

– Vous avez du talent, mademoiselle. J'aime que les jeunes femmes aient du talent.

« Tiens donc » ! pensa Monica Savix, en émergeant de l'eau, quinze mètres plus loin. Elle éclata de rire, fit trois brasses afin de s'accrocher à la margelle. C'est vrai que sa passion pour la musique avait aidé son rapprochement avec le patron de Savix Miousic, mais pas tant que ça, puisqu'une fois mariés, quand elle avait demandé à Marc : « Ce CD, on l'enregistre quand ? », il avait répliqué :

– Jamais. Ce truc ne vaut pas un clou. Tes amis sont des ringards, oublie-les.

Monica Savix avait estimé, ce jour-là, que le principal talent que son mari accordait aux femmes était leur beauté. Un sale macho, comme tant d'autres.

Elle se trompait.

Elle retraversa la piscine. Trois fois. Des brasses coulées souples, qui allongeaient son corps doré par les séjours hivernaux sur des plages sénégalaises. Mon dieu que c'était bon de nager ainsi. Le souvenir du passé lui remit en tête l'assassinat de David Legal, survenu quelques jours auparavant. Elle frissonna, malgré les vingt-six degrés de l'eau. David était un raté, elle ne lui avait rendu que deux ou trois visites ces dernières années, mais il ne méritait pas une mort si abominable.

Peut-être assassiné par un adolescent, annonçait le journal. Vraiment, tout était possible en ce début de troisième millénaire, s'indigna Monica Savix.

– Bon, je sors, je me sèche et au dodo.

Elle venait de parler à voix haute afin de chasser les mauvais souvenirs. Elle s'accrocha à la margelle, souleva ses fesses hors de l'eau et bascula son corps sur la plage. La chaleur étonnante de la nuit de mai gomma aussitôt la fraîcheur du bain. Monica, couchée sur les carrés de pierre de Comblanchien qui composaient la plage, s'étira avec volupté et murmura :

– Je dors là, je suis trop bien.

Elle ferma les yeux. Une fois encore, elle revécut en imagination les années de sa fulgurante ascension sociale. Elle ne s'en lassait jamais.

Du haut de l'échafaudage, dressé contre le mur de la propriété, l'ombre observait Monica Savix, la beauté de Monica offerte à la crudité de l'éclairage électrique. Elle était si belle. Ce n'était pas une surprise. Pourtant, cette beauté lumineuse rendait plus pénible encore la réalisation des projets de l'assassin. Monica ne pouvait pas le voir. L'ombre était vêtue de noir. Pantalon noir,

T-shirt noir. La chevelure noire ruisselait sur ses épaules. Les perles rouges composant l'inscription barrant le T-shirt brillaient à peine sous l'éclat de la lune : Love Me.

L'ombre se déplaça vers la droite de façon à mieux voir Monica Savix. C'était aussi l'endroit, repéré la veille, où le franchissement du mur serait le plus facile. L'échafaudage allait jusqu'en haut. Ensuite, il suffirait de sauter dans l'herbe.

Monica se déplaçait sur la plage de la piscine. Elle rangeait des objets épars ou slalomait entre eux.

– Elle ne tardera pas à aller au lit, murmura l'ombre.

Le moment d'agir était venu, mais la femme était fascinante. Pourquoi Dieu fabriquait-il des êtres aussi beaux et d'autres aussi laids ? Pourquoi la création n'était-elle pas que beauté pure ? L'ombre effaça d'un revers de main les larmes qui brouillaient sa vue. L'acte qui allait s'accomplir était une horreur, mais la force abominable qui poussait à l'action n'était plus contrôlable. Trop tard.

– Vous êtes malade, avait dit le psychiatre. En prendre conscience est déjà un pas accompli vers une guérison possible, à condition d'accepter le traitement que je vous propose. Et d'abord, une période d'internement en hôpital.

– Non, avait répliqué l'ombre.

L'ombre n'était pas seule à admirer Monica Savix. Au deuxième étage de la maison, Marc, son mari, regardait par la fenêtre de la chambre. Un infect mal de crâne lui défonçait la tête. Envie de vomir. Trop d'alcool. Trop de nourriture. Impossible de dormir. Sa vision était devenue floue. Elle suffisait cependant pour admirer la beauté de Monica, complètement nue, qui accomplissait des pas de danse autour de la piscine.

– Ma chérie, bredouilla la voix pâteuse de Marc.

Après huit ans de mariage, il était toujours aussi amoureux de Monica. Le coup de foudre s'était produit à l'instant même où elle était entrée dans son bureau. Et, aussitôt, la peur panique l'avait saisi : jamais elle n'accepterait d'aimer un type âgé de quatorze ans de plus qu'elle. Il se souvenait encore de l'énorme soulagement ressenti à la mairie de Sponge quand Monica avait dit « oui ».

Depuis, Marc s'évertuait à la rendre jalouse. Il souriait aux autres femmes, jouait au macho sûr de lui, parfois flirtait ouvertement. La jalousie de Monica le rassurait. Elle était la preuve qu'elle l'aimait toujours, en dépit de ses quarante ans, fêtés cette nuit même autour de la piscine.

– Je t'aime, mâchonna Marc, si tu savais à quel point je t'aime.

Cet infâme bredouillis traduisait mal ce qu'il ressentait, mais prouvait au moins qu'il devait rester accoudé à la fenêtre en espérant que l'air chasserait les vapeurs de l'alcool. Quel crétin il était de boire ainsi ! Sa décision était prise : la boisson, terminée ! Son mal de crâne et sa vision déformée l'empêchaient d'admirer pleinement Monica, sa femme chérie. Moins abruti, il aurait pu rester près d'elle. Prendre un bain avec elle. Se promener un peu dans leur magnifique propriété baptisée « Monica », ainsi que l'indiquait la pancarte accrochée en haut de la grille électrifiée. *Propriété Monica. Savix Miousic. Entrée interdite.*

Ému, Marc Savix réussit pourtant à prononcer une phrase correctement :

– Je te le jure, ma chérie, je ne boirai plus jamais une goutte d'alcool.

Une promesse qu'il ne pourrait pas tenir, mais Marc l'ignorait.

Monica Savix n'éprouva d'abord aucune crainte. Elle entendit marcher, aperçut une ombre qui s'avançait vers elle, ce qui bien sûr l'étonna, mais elle vit qu'il s'agissait d'une fille. Une très jeune fille, vêtue de noir, qui maintenant entrait dans la lumière.

– Vous avez oublié quelque chose ? cria Monica.

Une invitée. Oui, une invitée qu'elle ne reconnaissait pas, mais il y avait tellement de monde à la réception. Marc invitait un peu n'importe qui. Monica se demanda pourtant comment la fille était entrée dans la propriété close d'une grille électrifiée. La fille apparut plus distinctement. Une gamine, vraiment. Elle ne se pressait pas.

– Vous avez oublié quelque chose ? répéta Monica. Elle réalisa soudain qu'elle était nue. Elle piqua un fard, se déplaça jusqu'à son maillot de bain, l'enfila à toute vitesse, du moins la culotte, car pour mettre le soutien-gorge, elle releva la tête, repérant à nouveau l'intruse que son regard venait de quitter pendant quelques secondes.

Elle ne put s'empêcher d'éclater de rire. C'était une blague ? L'interrogation fut son avant-dernière pensée. La fille, très proche, brandissait le long manche métallique au bout duquel se positionnait la brosse servant à nettoyer la piscine.

– Que faites-vous ? bégaya Monica Savix.

Le manche de métal pivota, balaya l'air en sifflant et l'atteignit avec une violence inouïe en plein ventre.

Avant de perdre connaissance, de tomber dans la piscine et de s'y noyer, Monica Savix crut voir que la fille pleurait et entendre sa voix qui disait « aboie à ton tour si tu veux », mais évidemment, c'était d'absurdes perceptions dues à la mort qui détruisait son cerveau.

CHAPITRE VII

– Je comprends votre douleur et votre désarroi, monsieur Savix, dit Lili Rigosi, sans vraiment croiser le regard de l'homme assis en face d'elle.

Un être détruit. Un homme de quarante ans, qui en paraissait vingt de plus. C'était incroyable comment un événement pouvait réduire un être humain en bouillie, alors que quelques heures auparavant, il détenait entre ses mains les plus belles cartes du jeu de la vie. Argent. Notoriété. Propriété somptueuse. Et surtout, une très belle femme pour laquelle il éprouvait un amour passionnel.

Justement. Elle était morte et Marc Savix n'aimait plus la vie. Il se tenait posé comme un sac, de l'autre côté de la table de jardin protégée d'un parasol, près de la sinistre piscine. Un homme grand, aux épaules affaissées par la douleur. Il passait sans cesse ses mains dans ses cheveux non coiffés, presque sales, comme si le geste allait effacer les événements de la nuit du 18 mai, deux jours plus tôt. La couleur de ses yeux était indéfinissable. Elle disparaissait sous l'opacité d'un liquide, un mélange de larmes et de quelque chose de poisseux que Lili attribua à l'alcool. Marc Savix avait bu. Comment lui en vouloir ? Un pantalon de toile tirebouchonné, une chemisette à la netteté douteuse et cette main droite tremblante, cramponnée au verre d'eau renversé deux fois, toutes ces observations mettaient Lili Rigosi mal à l'aise.

Attiser la douleur de cet homme était ignoble. Pourtant il le fallait. Vlad, prétextant l'ahurissante luminosité de cette journée de mai, avait conservé ses lunettes de soleil. Une bonne façon de cacher son émotion, jugeait Lili, tellement c'était difficile de supporter le malheur des personnes qui refusent d'admettre la réalité. Elle se pencha, replaçant l'appareil enregistreur près du mari de Monica Savix.

– Monsieur Savix, reprit Lili, en articulant les mots comme si elle s'adressait à un enfant de dix ans, décrivez-nous la meurtrière de votre femme. Comme vous l'avez fait il y a quarante-huit heures, après nos premiers constats auprès du corps de Monica.

Elle s'interrompit, effrayée par l'air hagard de Savix qui articula après quelques secondes d'hébétude « le corps… quel corps… ah, oui le corps… », puis se tut. Lili Rigosi déglutit. L'homme retenait ses larmes parce que deux gendarmes étaient présents.

– Marc, dit Vlad.

La familiarité du brigadier ramena un semblant de lucidité chez le mari de Monica. Il tressaillit, regarda vaguement Livov. Le gendarme en profita pour insister.

– Marc, par amour de votre femme, vous devez nous aider. Si vous le faites, on arrêtera l'assassin, sinon Monica sera morte pour rien, d'autres crimes se produiront peut-être et votre femme, là où elle se trouve maintenant, vous détestera d'avoir eu autant de faiblesse.

Marc Savix hocha la tête, puis bredouilla « oui, je sais, je sais ». Il leva lentement les yeux, fixa le ciel intensément bleu, comme s'il espérait y voir apparaître le visage de sa femme. C'était insupportable. Vlad et Lili patientèrent, le cœur broyé par une émotion difficile à contenir. Les deux pensèrent au même moment qu'ils n'avaient pas choisi le métier de gendarme pour vivre ça. Puis, Marc Savix passa sa langue sur ses lèvres grises.

– Je dois boire de l'alcool, sinon… sinon…

Il étrangla ce qu'il s'apprêtait à dire en mordant violemment sa lèvre inférieure.

– Allez-y, concéda Lili.

Marc Savix se leva, fit les trois pas qui le séparaient du bar roulant. Vodka. Il se servit un plein verre. But. Ses joues reprirent un peu de couleur.

– Je vais essayer, murmura le mari de Monica.

Lili s'empressa de lancer le témoignage.

– Vous nous avez dit avoir vu l'assassin depuis votre chambre. Une femme, ou plutôt une fille, une adolescente, avez-vous précisé aux gendarmes Malot et Balu qui ont relevé votre déposition la nuit des faits.

Savix se resservit, mais ne but pas. Il hésita. Son regard dériva vers la piscine, puis de là jusqu'à la maison, en retrait, et il se décida à parler après un plissement du front qui indiquait son incertitude. Sa voix était presque sans tonalité, comme s'il disait un texte appris dont il ne croyait pas un mot.

– Au début, je n'ai pas bougé. Que venait faire cette fille, à deux heures du matin ? Je la distinguais mal, à cause de la distance et…

Savix buta sur l'aveu que Vlad résuma à sa place.

– Vous aviez beaucoup bu cette nuit-là.

– Mon dieu, oui. Quelle bêtise.

Marc Savix appuya sur ses globes oculaires. « Ne pleurez pas », supplia mentalement Lili.

– Vous ne vous êtes pas inquiété parce que c'était une gamine… Une adolescente ? reprit Vlad.

– Bien sûr…

Savix émit une sorte de râle.

– Avec ses longs cheveux noirs, elle ressemblait à Monica. On aurait dit une gitane.

– Elle semblait inquiète ? proposa Lili.

Marc Savix fronça les sourcils. Il donnait l'impression d'un homme perdu, creusant sa mémoire afin d'en extraire un récit auquel il ne comprenait rien.

– Pas du tout… Pas du tout… Elle avançait tranquillement, mais marchait d'une façon bizarre… Comment dire… Pas très féminine, oui, je peux dire ça maintenant, même si ce détail ne m'a pas frappé la nuit de… La nuit du…

– Quand vous êtes-vous inquiété, monsieur Savix ? intervint Lili. Reprenez votre récit dans l'ordre en racontant ce que vous avez vu, ce que vous avez fait, etc. L'ordre des faits est très important.

Savix la dévisagea avec dureté. Dit :

– Plus rien n'a d'importance pour moi.

Il haussa les épaules, continua, en employant toujours le ton de voix d'une personne qui ne s'intéresse pas à ce qu'elle dit.

– Monica s'est rhabillée. Elle se baignait nue. La fille... La gitane en a profité pour ramasser le balai de piscine, un objet en métal de trois mètres qui...

– Nous savons, coupa Vlad. Donc, la gitane – nommons là ainsi pour le moment – n'a pas eu à s'approcher trop près.

– Elle a frappé Monica, poursuivit Marc Savix, comme s'il n'avait pas été interrompu. Elle est tombée dans l'eau... Je ne comprends pas comment elle a pu se noyer.

– Les lésions subies ne lui permettaient plus de nager, intervint Lili. La noyade a été immédiate. Elle n'a pas souffert. Qu'avez-vous fait ?

– Rien... D'abord rien... Je ne croyais pas ce que je voyais... Puis, j'ai réalisé, mais la peur me tétanisait et il a fallu du temps avant que je hurle et me précipite dans l'escalier.

– La gitane agissait avec précipitation ? Elle se dépêchait ? demanda Lili.

– Non, pas du tout. On aurait dit que ça lui était égal d'être vue.

– Quand vous sortez de la maison et courez vers la piscine, que voyez-vous et qu'entendez-vous ? questionna Vlad. Essayez de raconter chaque fait précisément, ainsi que vous le demande l'adjudant Rigosi.

Savix inclina la tête. De lourdes larmes s'écrasèrent sur le plastique de la table. Elles ressemblaient aux gouttes de pluie d'un début d'averse tropicale.

– Comme j'avais bu, je suis tombé dans l'escalier. Ma vision était brouillée, mon équilibre douteux… Oh, mon dieu, c'est de ma faute, tout est de ma faute. Il m'a fallu du temps pour atteindre la piscine. La gitane finissait d'installer Monica sur le matelas pneumatique qui flottait près du bord. Je l'ai entendue dire « pour toi, ce sera une nuit sans lendemain, mais tu connais » et elle a éclaté de rire. C'était ignoble.

– Vous êtes certain d'avoir entendu ces mots et ce rire ? coupa Lili Rigosi. Vous aviez bu… Vous étiez dans un état physique et mental…

– Oui, j'en suis certain ! s'exclama Marc Savix, avec une sorte de hargne inattendue. La gitane s'est retournée, elle m'a vu et s'est dirigée vers la grille. C'est facile de l'ouvrir depuis l'intérieur de la propriété, il suffit d'appuyer sur le bouton de commande placé dans un boîtier, deux mètres avant la grille. De toute façon…

Il s'interrompit. Ses épaules se voûtèrent davantage.

– De toute façon ? insista Vlad.

– De toute façon, marmonna Savix, je ne sais pas ce qui m'est arrivé. Je ne pouvais plus faire un pas. J'étais devant la piscine, complètement immobile et hagard. J'entendais, je voyais, mais mon corps ne répondait plus.

Il se tut. Lili regarda Vlad. L'explication, donnée plusieurs fois à Savix, était médicale. Catatonie due à l'excès d'émotion. Elle la répéta pourtant avec patience.

– Le médecin vous a dit que vous n'y pouviez rien. La catatonie bloque le corps et le cerveau. Combien de temps, selon vous, a duré cette crise ?

– Je ne sais pas… Quelques secondes… Plus peut-être…

Vlad retira ses lunettes de soleil et se frotta les yeux. Les derniers jours de l'enquête, harassante, et les nuits sans sommeil rougissaient ses paupières et lui dessinaient des cernes. Lili pensa qu'elle devait avoir l'air aussi fatiguée. Quelle confiance Savix accorderait-il à deux flics épuisés, englués dans une affaire trop lourde pour eux ? Livov se pencha vers le mari de Monica.

– La suite de votre récit est capitale. Prenez le temps de la réflexion, monsieur Savix.

Un conseil inutile. Le regard de l'homme flottait. Il se perdait probablement au cœur d'une nuit éclaboussée des lumières de la piscine, au cours de laquelle Savix avait perdu l'amour de sa vie. Il demeura ainsi deux si longues minutes que Lili crut qu'il ne prononcerait plus un mot. Puis, le buste oscilla très légèrement et la bouche évacua un filet de voix.

– La gitane s'éloignait. Elle a cessé de courir. Elle s'est retournée… Enfin, disons que lorsque j'ai repris conscience, elle me regardait. On aurait dit qu'elle m'attendait. J'ai eu l'impression qu'il s'agissait d'une autre personne. Elle était vêtue d'un T-shirt blanc alors que je l'avais vu noir depuis ma fenêtre. Les cheveux étaient bizarres, repoussés vers l'arrière… Je crois que j'étais en train de perdre les pédales… La gitane a disparu de ma vue un instant, en passant derrière un buisson.

Lili Rigosi posa sa main sur celle de Savix. On leur déconseillait ça, à l'école de gendarmerie. Pas d'intimité. Elle risque de fausser le jugement. Mais la main de Savix, celle qui tenait la vodka, venait de renverser le verre : le manuel du parfait gendarme ne proposait aucun remède contre le désespoir des victimes.

– Mais non, vous ne perdiez pas les pédales, monsieur Savix. La gitane, comme nous continuons à l'appeler, n'était probablement pas une jeune femme, mais un jeune homme, un adolescent et non une adolescente.

Savix repoussa le verre renversé et retira sa main, comme si celle de Lili le brûlait.

– Que voulez-vous dire ?

Vlad intervint.

– Continuez votre récit, Marc. Nous vous expliquerons.

Savix soupira très fort. Dit :

– Je voudrais dormir.

– Plus tard, monsieur Savix, encore quelques minutes, je vous en prie, insista Lili.

Il haussa les épaules, marmonna :

– Je ne dormirai plus jamais.

Savix plaqua une main sur sa bouche. Ses propos, assourdis, semblèrent ceux d'un ventriloque.

– Monica était étendue sur le matelas pneumatique, avec cet absurde T-shirt noir marqué de l'inscription Love Me étalé sur sa poitrine et… et… et…

– Et, posé sur le T-shirt ? l'encouragea Lili Rigosi.

Les yeux de Marc Savix se fermèrent. Il répondit en les gardant ainsi.

– J'ai vu cette pièce d'échecs, un fou… Enfin, c'est vous qui dites ça, moi je n'ai rien identifié, sinon cet objet vert… C'est l'assassin qui est fou, n'est-ce pas ?

J'ai couru jusqu'à la maison afin de téléphoner au Samu, à la police, aux pompiers, puis j'ai voulu retourner vers Monica.

– Mais vous avez perdu connaissance, termina Vladimir Livov.

La chaleur devenait insupportable. Marc Savix était monté dans sa chambre se « reposer ». Un mot jeté comme un ricanement douloureux. Lili Rigosi et Vladimir Livov étaient restés assis, près de la piscine. Ils devaient faire le point avant de quitter la propriété « Monica ». Il fallait éviter de laisser des zones d'ombre : elles les obligeraient à revenir, à torturer encore Savix et ni l'un ni l'autre n'en avait envie.

– J'ai peur qu'il ne tienne pas le coup, dit Vlad, en remettant ses lunettes de soleil.

– Il ne tiendra pas le coup, confirma Lili. Quand on aime à ce point…

Elle laissa filer le silence. Est-ce que Vlad comprendrait ? Lili estimait que l'amour était le socle de toute vie, et si ce socle s'effondrait… Elle s'ébroua, dit à Vlad :

– Réécoutons la fin de l'entretien. Le récit de Savix est très important et j'ai l'impression que la clé de l'énigme est là.

Livov positionna le bouton de l'enregistreur en mode lecture. L'appareil grésilla, puis la voix de Lili leur parvint. Tous les deux eurent l'impression qu'une inconnue parlait. Ils n'avaient pas vraiment besoin d'écouter. Ils se rappelaient.

– Monsieur Savix, nous ne pensons pas que la gitane soit une fille, une adolescente. Les empreintes relevées sur la pièce d'échecs en savon sont identiques à celles trouvées précédemment lors du meurtre de David Legal il y a douze jours. Or, les témoins affirment qu'il s'agissait d'un garçon.

– Quelle horreur, murmura Savix. Un gosse ! Pourquoi un gosse aurait-il voulu du mal à Monica ?

– L'attitude bizarre que vous avez remarquée, coupa Lili, est liée, probablement, au port d'une perruque. En outre, l'assassin a retiré le T-shirt noir portant l'inscription Love Me et l'a déposé sur votre épouse. Voilà pourquoi vous avez vu un T-shirt blanc, porté en-dessous du T-shirt noir. Vous n'aviez pas d'hallucinations, monsieur Savix. Sur ce vêtement abandonné, le laboratoire criminel de Dijon a relevé les mêmes empreintes que celles figurant sur la pièce d'échecs. Vous comprenez ce que j'explique, monsieur Savix ?

– Je suis fatigué, très fatigué. J'aimerais m'étendre.

– Encore un instant, Marc, intervint Vlad. L'adjudant Rigosi vient de vous annoncer que l'assassin de votre épouse et celui de David Legal ne sont qu'une seule et

même personne. Dans une précédente déclaration recueillie par nos collègues, vous dites : « Est-ce que Monica est morte parce qu'elle connaissait David Legal, l'individu assassiné à Sponge ? » Votre déclaration date de quarante-huit heures.

Lili insista :

– Vous maintenez que Monica connaissait David Legal ?

– Oui. Elle m'en a parlé quand le journal a raconté son assassinat. À l'époque, je ne me suis guère montré attentif. Je subissais un important revers commercial et je pensais davantage aux conséquences financières pour Savix Miousic qu'à cette histoire de crime.

– Que disait Monica ? questionna Vlad.

Une quinte de toux déchira la gorge de Savix. Fatigue. Alcool. Chagrin. Puis :

– Pas grand-chose. Monica avait connu cette personne…

– David Legal, coupa Lili. Employez le nom si vous êtes certain de l'avoir entendu.

– Elle avait connu David Legal autrefois, au collège je crois, enfin je ne sais plus. Elle essayait de monter un groupe de rap avec deux de ses copains de classe. Deux copains probablement plus amoureux de Monica que de la musique.

Marc Savix sourit tristement.

– Monica détestait parler du passé. Elle avait coupé les ponts avec tout ça, même avec sa famille. Elle possédait un

enregistrement artisanal de ce pseudo-groupe. C'était très mauvais.

– Vous l'avez gardé ? demanda Lili.

– Bien sûr que non. Monica m'a confié qu'elle donnait un peu d'argent à Legal, en souvenir de leurs rêves communs d'autrefois. Ce type était tombé dans la débine. Selon Monica, il n'était pas très malin, à demi-illettré. Vous voyez, la musique peut rapprocher les gens, d'ailleurs j'ai connu Monica…

Marc Savix éclata en sanglots. Il parvint à se calmer, puis bredouilla « curieux… c'est curieux… ».

– Qu'est-ce qui est curieux ? demanda Lili Rigosi.

Savix émit un grognement rauque. Dit :

– Love Me. Je ne sais pas pourquoi, mais ce nom sur le T-shirt… Il me trotte dans la tête et je ne parviens pas à comprendre pourquoi.

Silence. Long. Chacun cherchait une signification à la remarque de Savix. Lili Rigosi expira si fort avant de parler que l'air chuinta entre ses lèvres.

– Si vous trouvez, n'hésitez pas à nous appeler à la gendarmerie, peu importe l'heure. Vous dites que Monica appartenait à un groupe de trois rappeurs, quand elle était plus jeune. Le second est David Legal. Connaissez-vous le nom du troisième, monsieur Savix ?

– Non.

– Réfléchissez bien. Deux de ces rappeurs sur les trois du groupe sont morts assassinés : la coïncidence est troublante.

– Monica ne m'a pas parlé du troisième musicien ou alors, j'ai oublié.

Nouveau silence. Vlad le rompit par une dernière question.

– Vous vous souvenez du nom de ce groupe de rappeurs ?

– Bien sûr. Il figurait en lettres énormes sur le boîtier de l'enregistrement artisanal que m'avait confié Monica. Le groupe se nommait Sans Lendemain. *C'est sinistre non, que la gitane ait employé cette expression en assassinant mon épouse ?*

– Merde ! s'exclama Lili Rigosi.

Les deux gendarmes, après avoir fouillé en vain le parc et la maison, s'apprêtèrent à quitter la propriété. Le soleil cognait de plus en plus fort. La prochaine nuit serait encore étouffante. Vlad s'épongea le front et dit :

– La planète pète les plombs. Comme les hommes. Un assassin fou, une planète folle, voilà peut-être le résumé de ce mois de mai.

Lili siffla.

– Réagis, Vlad ! La déprime te guette.

Son bras droit balaya l'espace, montrant la propriété et elle ajouta.

– J'admets qu'il y a de quoi si on songe à ce qui s'est produit ici.

Ils contournèrent la piscine en marchant lentement, comme s'ils redoutaient d'abandonner des indices derrière eux. Ils pensaient à Marc Savix, corps de chiffon en boule sur un lit, au deuxième étage, cherchant un impossible sommeil. Vlad, en dépit de la gravité du moment, admirait la beauté de Lili. La houle des longues jambes de la jeune femme, sous la jupe noire, communiquait à sa marche un rythme de danse.

– Je l'aime et je ne suis pas fichu de le lui dire, s'indigna mentalement Vlad, une nouvelle fois.

Le culot de Lili Rigosi l'amusait. Elle menait une enquête criminelle vêtue en civil, dédaignant le sévère uniforme de la gendarmerie, et envoyant promener le règlement au risque de provoquer la colère du proc' et de récolter un blâme du commandant régional de gendarmerie.

Lili s'arrêta. Ce fut si soudain que Vlad, qui marchait derrière, faillit la renverser. Ils étaient à mi-chemin de la grille.

– Les deux amis de Monica étaient amoureux d'elle, selon Savix, ce qui semble évident vu sa beauté.

Vlad se contenta de hocher la tête.

– Peut-être que David Legal est mort sans jamais l'avoir dit à Monica, continua Lili. Tu imagines, Vladimir ? Mourir à vingt-six ans sans avoir dit à la personne aimée… je t'aime. C'est atroce, non ?

La gorge de Vladimir Livov se noua. Quelque chose était en train de se produire. Il ignorait quoi, mais il pressentait la gravité du moment. Le corps de Lili, si près du sien, vibrait d'une émotion contenue. Est-ce qu'elle essayait de lui dire qu'il avait vingt-huit ans et elle vingt-cinq, soit à peu près le même âge que David Legal et Monica, donc qu'eux aussi pouvaient mourir sans…

Vlad sentit la peur s'emparer de lui. Oui, ça pouvait arriver. « Jette-toi à l'eau, idiot » lui murmura une petite voix. Il ouvrit la bouche, prononça « Lili », un bredouillis assez lamentable, mais elle le devança.

– Vlad, j'ai peur qu'il m'arrive ce qui est arrivé à Monica, sans que…

Le violet des yeux de Lili Rigosi s'assombrit. Il devint celui d'un ciel juste avant l'orage, le tonnerre, les éclairs et la pluie rageuse.

– Je t'aime, Vlad. Je t'aime depuis le premier jour de notre rencontre à l'école de gendarmerie.

Était-ce indécent, si près de la piscine tragique ? En tout cas, ils se jetèrent dans les bras l'un de l'autre et leurs lèvres se joignirent en un baiser qui effaça pour un temps la mort de Monica Savix.

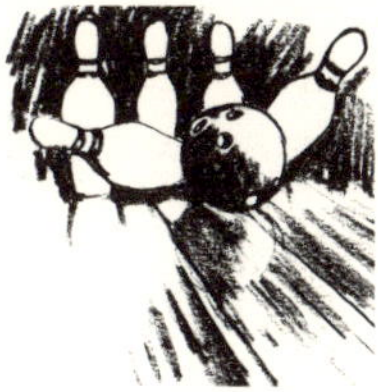

CHAPITRE VIII

4 *juin*

– Léo, descends de cette chambre, mon chéri ! Tu t'abrutis avec ce jeu ! Tu te souviens que ce matin nous allons visiter papa ?

Je dévale l'escalier. Je ne joue pas. Pas ces derniers jours. Je décide de tout raconter à Barbara.

– Maman, devine ce qui m'arrive ? La semaine dernière, après le bowling…

Stop ! Ça coince. Impossible de confier ça à maman.

Marlène m'embrasse. J'embrasse Marlène. Elle m'aime. Elle ne me le dit pas, mais elle me tient la main sous la table, pendant le repas, un court moment d'accord, mais je ne rêve pas. Coton de découper sa pizza ! Après, dans la salle où on a laissé nos chaussures, quel fou rire, puis elle me prend le bras, m'attire contre elle et...

Tu m'as bien embrassé, je n'invente pas ?

Je t'embrasse, moi aussi. La trouille de ma vie. Après, je suis si heureux, mais je suis soulagé quand la mère de Marlène appelle de loin :

– On s'en va les enfants, on vous attend à la voiture.

Un ouf de bonheur, sinon je t'aurais encore embrassée et peut-être que tu aurais dit « non, ça suffit » ou « tu es fou, Léo », parce que je rêvais.

Comme ça, j'ai des réserves de bonheur intactes jusqu'à ton retour à Sponge. Ces trois semaines que tu passes à Dijon, chez ta grand-mère qui s'est cassé un bras, sont si longues. Tu reviens le jour où papa sort de prison, le jour de mes quinze ans : ce sera le plus beau jour de ma vie.

– Tu me parais bien énervé mon chéri. C'est ce jeu qui te met dans cet état ? Tu deviendras sûrement un grand champion, mais je me demande si tu n'exagères pas ?

Maman m'embrasse.

– Alors, mon fils ?

– Rien, maman. On part quand à la prison ?

– Je t'accorde une demi-heure pour déjeuner, te doucher, t'habiller.

Maman a mis sur la table une prodigieuse quantité de nourriture. Même des croissants.

– Prends d'abord un bon petit déjeuner, mon chéri.

– Je n'ai pas faim.

Les épaules de Barbara tressaillent. Je lui fais de la peine, mais j'ai trop de mal à avaler. Pourtant, au bowling, avec Marlène, je mange une salade, une pizza entière et une glace. Sans effort.

– Tu sais ce que dit le médecin ? dit Barbara.

De manger. Oui, je sais. Qu'il ne comprend pas pourquoi je perds l'appétit et que le mieux est de consulter un spécialiste. Je sais tout ça et d'ailleurs maman a pris un rendez-vous.

– Que dira papa en te découvrant si mince à sa sortie de prison ?

Papa ne m'a pas vu depuis six mois. J'ai beaucoup changé. Je ne veux pas qu'il croie que c'est à cause de son séjour en prison, alors je lui raconterai tout : Diesel, Sugar, Love Me.

Je n'entre jamais dans la prison quand j'accompagne Barbara à Dijon. Papa refuse. J'aime autant.

– Ce n'est pas une bonne image de son père, dit papa. Que Léo patiente jusqu'au 25 juin.

Maman lui a annoncé la mort de Ticki. « Écrasé par un camion. » Pourvu qu'il ne demande pas de précisions. Je ne pourrai pas lui mentir. « Tué par Love Me. » Papa sourira tristement et dira quelque chose comme :

– Pauvre fille. En arriver à ce degré de méchanceté gratuite… Elle doit être très malheureuse.

Je la hais.

Maman veut prévenir la police. Je dis « non, tu nous vois aller à la gendarmerie alors que papa est en prison ? ». Un prétexte : le dépôt d'une plainte provoquerait surtout une terrible vengeance du trio.

Papa tend toujours la joue gauche après le coup reçu sur la joue droite. Je ne serai jamais comme lui. Il répète que la haine est un cancer qui ronge celui qui l'entretient au lieu de s'en débarrasser. Il a raison. Ce cancer est en train de me détruire.

– Mon chéri, un petit croissant ? supplie Barbara.

J'obéis afin que maman ait le sourire en entrant dans la prison.

La prison de Dijon est un bâtiment de béton gris. Devant, il y a des bancs, un peu d'herbe, du bruit et des voitures qui passent.

– Léo, tu m'attends ici, ce ne sera pas long, dit maman.

Je m'assieds. Si, ce sera long, mais jamais assez

pour elle, qui ressortira en larmes et dira entre deux sanglots :

– Papa est en cellule avec un type à moitié fou qui a agressé et blessé deux personnes. Je ne comprends pas… Xavier est malade, pas un voleur, enfin un vrai voleur, ils le savent bien.

Ils, ce sont les juges, les policiers, les surveillants de la prison et même le monde entier qui devrait savoir comment est vraiment papa. Barbara n'admettra jamais que voler une moto à la suite d'une pulsion incontrôlable est pourtant voler.

Elle rencontre papa librement dans une pièce. Je les imagine. Ils se tiennent les mains, disent « je t'aime », se taisent, disent « je t'aime », se taisent. Ça dure l'heure entière, sauf quand papa demande « comment réagit Léo ? ». Maman pleure. Elle ne dit jamais :

– Je me fais un souci monstre pour notre Léo. Quelque chose cloche, mais il refuse de m'en parler.

Elle ne le dit pas, car papa désespérerait d'inquiétude et sa vie est déjà assez pénible en prison.

Sur le banc, je pense d'abord à Sugar, hier au collège. Je lis, assis dans un couloir, pendant la récréation.

– Salut l'intello ! beugle Sugar.

Je ne bronche pas. Il me prend mon bouquin des

mains. Lit le titre : *La Fille aux yeux de Botticelli*. Il ricane.

– Tu te refuses rien l'intello ! Quatre cents pages, t'as du souffle !

Il me rend le livre en me le jetant à la figure. Plus loin, Diesel et Love Me surveillent la scène. Sugar doit être leur messager. Ils testent sa conduite. Diesel lui adresse une grimace de mécontentement accompagnée d'un geste d'agacement de la main. Il trouve que son crétin de petit soldat n'en fait pas assez. Sugar reprend le roman d'Herbert Lieberman et le déchire en deux, par le milieu. Il enfonce les mains dans ses poches et dit :

– Tu fais quoi, maintenant ?

Personne dans les environs. Les autres élèves sont dans la cour, préférant subir la chaleur du soleil plutôt que la présence de ces trois dangereux abrutis. Les surveillants sont occupés ailleurs. Je suis le seul à commettre pareille imprudence, à m'isoler ainsi parce que je préfère la lecture au bruit et à la bousculade d'une cour de récréation.

Je lève la tête. Sugar ne semble pas vraiment rassuré, mais il compte sur les autres. Il se ferait tuer pour un sourire de Love Me et couper en morceaux pour un compliment de Diesel.

– Je ne fais rien, Sugar. T'es qu'un sale con. J'attendrai aussi longtemps qu'il faudra. Tu ne seras pas toujours trois, alors quand tu seras un tout seul…

Je risque gros, mais pas tant que ça au collège. Le trio me fera payer l'addition plus tard, dans la rue. Sugar siffle. Admiratif. Mais ses joues pâlissent.

– Héhé… L'avorton se rebelle ?

Il ne sait pas trop quoi faire. Il va peut-être se résoudre à quitter le ring quand un groupe de filles de troisième traverse le couloir. Ça donne une idée de vengeance à Sugar.

– Hé, les filles, pas la peine de mater Léo, il est pédé. Je l'ai vu embrasser un garçon.

Les filles rigolent. Une grande rousse crie : « Je m'en doutais ! ». Elles se répandent dans la cour, suivies par Sugar, Diesel et Love Me et ils chantent tous en chœur : « Léo le pédé ».

Je m'en fiche. Marlène, Marlène, Marlène dans trois semaines. Papa raye les jours dans sa cellule, je raye les jours en l'attendant et en attendant le retour de Marlène. Le week-end, elle ne revient pas à Sponge, ce sont ses parents qui vont chez la grand-mère, à Dijon. Trois semaines de silence.

– Ne me téléphone pas, dit Marlène.

Je ne demande pas pourquoi. Moi non plus, je n'ai

pas envie du téléphone. Je n'ai pas envie de parler à un appareil.

Soudain, assis sur le banc, je songe que Marlène habite près d'ici, dans une rue, chez sa grand-mère. Je n'ai pas l'adresse, mais je peux la trouver.

– Mamie occupera bientôt notre maison de Sponge. Tu feras sa connaissance avant notre départ en Bretagne. J'espère que tu l'aimeras puisque je viendrai passer mes vacances chez elle, dans notre ancienne maison. Tu nous verras souvent toutes les deux.

Pourquoi ne pas faire connaissance aujourd'hui ? L'annuaire. Simone Ledru. Ce ne doit pas être compliqué. Il y a un téléphone devant la prison. J'ai une carte. Je laisse un message sur le portable de maman qu'elle doit abandonner avec son sac, à l'entrée du parloir. Elle l'écoutera en sortant.

– Maman, j'ai oublié de te le dire, mais je vais chez la grand-mère de Marlène. Tu me récupères dans une heure devant les Galeries Lafayette.

8 juin

Encore dix-sept jours avant papa et Marlène.

Pendant que maman était au parloir, je n'ai pas trouvé l'endroit où habite la grand-mère de Marlène.

L'annuaire affiche trois millions de Ledru, mais aucune Simone.

Marlène ne respecte pas sa consigne. Elle téléphone. Maman décroche.

– Bien sûr que je sais qui vous êtes ! Léo ne parle que de vous. Je vous le passe.

– Léo ?

– Marlène ?

Après, je ne sais plus quoi dire. Elle non plus. Je n'ose pas prononcer les seuls mots qui me brûlent la langue : « Je t'aime. » Ça me semble tellement idiot de les murmurer à un morceau de plastique. Marlène pense sûrement la même chose. Alors, on parle de nos collèges. De la grand-mère. De rien.

– Ton père va bien, Léo ?

– Oui.

Je garde pour moi ce que me raconte Barbara. « Xavier n'en peut plus. Les jours sont des siècles. Il jure qu'il se soignera parce qu'il refuse de retourner un jour en prison. » Barbara se tait. Entoure mes épaules de son bras : « On l'aidera mon chéri, d'accord ? À trois, on est sûr de gagner la partie. »

– Tu vas à la piscine quand tu n'es pas au collège ? demande Marlène. Papa me dit qu'ils l'ont ouverte plus tôt à cause de la chaleur.

Ah, non ! Croiser Love Me, Sugar et Diesel en maillot de bain autour d'une piscine... J'en ai des sueurs froides ! Malgré la promesse que je me suis faite, je n'ai pas parlé du trio *Sans Lendemain* à Marlène.

Je cache de plus en plus de choses, même à maman. Je garde tout à l'intérieur de moi, empile mes peurs les unes sur les autres. Je deviens une bombe à retardement, comme une Cocotte-minute trop pleine oubliée sur un feu.

Je refuse de penser à ça.

À la fin de notre conversation, je dis :

– Marlène, je préfère que tu ne m'appelles plus.

Il y a un silence. J'explique, très vite.

– C'est mieux de se parler en vrai, pas comme si tu étais un fantôme... Je ne sais pas, mais comme ça j'ai l'impression que tu n'existes pas, que je te rêve, que...

Marlène rit.

– D'accord, Léo. Je pense comme toi.

Nous nous taisons. Puis :

– Léo ?

– Oui.

– À bientôt, vite.

J'entends un baiser dans le téléphone. Marlène raccroche. Elle le fait si rapidement qu'elle n'entend sans doute pas ma voix de mésange terrifiée qui bredouille « je t'aime, Marlène. »

Maman entre dans le salon.

– Patiente mon chéri. Elle revient bientôt.

Elle rit. M'embrasse dans le cou. Ça m'énerve. Elle exagère : j'ai quinze ans.

– Nos chéris reviennent bientôt. On fera la fête.

10 juin

– Léo, sois gentil, emmène-moi à la piscine, me demande maman. Toute seule, ça ne me dit rien et je voudrais profiter de ce soleil exceptionnel avant d'aller au travail ce soir.

Barbara est infirmière. Une grande partie de sa semaine se passe à l'hôpital. Refuser de l'accompagner serait égoïste de ma part, mais quelle tuile !

Beaucoup de monde ce dimanche à la piscine.

– Allons là-bas.

Je montre l'endroit le plus à l'écart de la foule, loin du plan d'eau, là où il y a des buissons et de l'herbe.

– C'est le coin des amoureux ? ironise Barbara.

Elle me suit. Dépêche-toi maman, s'il te plaît, pendant que Diesel, Sugar et Love Me ne sont pas en vue. Des regards accompagnent Barbara. Elle est très belle, dans son deux-pièces noir strié de minces lignes blanches. Je suis fier d'avoir une mère si belle. Les filles et les femmes l'observent aussi. Elles sont jalouses. Ce n'est évidemment pas moi qu'elles admirent.

– Mon dieu, Léo, que tu as donc besoin de te remplumer ! s'exclame maman. J'aimerais tellement que tu grandisses et forcisses un peu.

Elle rit. Un rire bizarre, comme si elle m'en voulait.

Nous nous installons derrière un épais buisson. Maman s'enduit de crème.

– Léo, tu m'en mets dans le dos ?

Sa peau est douce. Ses épaules ressemblent à des galets très lisses. Je dépose un bisou entre ses omoplates.

– Miam miam mon Léo chéri, dit Barbara. J'adore quand tu es gentil comme ça.

Elle m'enduit aussi, étale une tonne de crème – le soleil est si dangereux, mon Léo – mais je déteste ce gras qui me donne l'impression d'être une entrecôte sous du beurre fondu.

Elle s'allonge sur sa serviette, lit un bouquin qui s'appelle *L'usine à lapins* et moi je lis un livre sur les échecs, *Stratégies de jeux du champion du monde Veselin Topalov*.

Je me détends peu à peu. Ils ne sont pas à la piscine. Je parviens à me concentrer sur la partie opposant

Topalov au champion sortant, Rustan Kasimdzhanov. Le temps s'écoule. Je me demande ce que fait Marlène. Elle pense à moi ? Je décide que oui. J'oublie les trois cinglés, les échecs. Marlène, seulement Marlène. Je suis tellement sur un petit nuage que je mange la moitié d'un paquet de gâteaux et maman s'éblouit :

– Mon grand, mange le paquet en entier si tu veux, je n'aurai pas faim.

J'attaque un autre sablé, mais il me tombe des mains. Love Me et Diesel s'approchent de l'endroit où nous sommes. Je cesse de respirer. La peur, une fois de plus, même pour maman, car Diesel est une brute imprévisible et Love Me un serpent dangereux. Je serai incapable de défendre Barbara, je le sais. Cette pensée me submerge de honte.

Ils ne nous voient pas, grâce au buisson. Ils se couchent sur l'herbe. J'effleure l'épaule de maman, désigne le couple et pose un doigt sur mes lèvres. Elle comprend que je les connais, suppose que je n'ai pas envie d'être avec eux et se remet à lire. Diesel ressemble à un singe. Je l'imaginais musclé. En réalité il planque son gros bide sous ses T-shirts amples et ses fesses molles sous son pantalon de rappeur-frimeur. Il cache surtout la marée de longs poils noirs qui déferle sur sa peau. Il est laid. Et moi, je planque mon visage derrière le bouquin d'échecs. Pas un geste. En apnée. Ne pas attirer l'attention. Par-dessus le livre, j'observe Love Me. Elle est presque aussi belle que ma mère. Un deux-pièces rose révèle le doré de sa peau et l'éclat de ses cheveux noirs.

Ils parlent. Je tends l'oreille.

– Pourquoi tu veux pas ? demande Diesel.

– Fous-moi la paix ! rétorque Love Me.

Elle s'étire. Diesel se colle contre elle.

– Pousse-toi ! Tu trouves qu'il ne fait pas assez chaud comme ça ?

– Allez quoi, insiste Diesel. Un câlin, t'en mourras pas.

Love Me rit.

– Si. Tes poils m'étoufferaient. C'est moche, ces poils de cul de singe.

Diesel, humilié, accuse le coup et se tait. Il s'écarte un peu, puis :

– Si tu sortais avec moi, on larguerait Sugar, ce minable. On formerait un autre groupe avec des potes de Dijon.

– La barbe avec ça, coupe Love Me. On fera rien du tout. Des rappeurs comme nous, il en existe des tonnes. Moi, je veux réussir vraiment. Ce n'est sûrement pas avec vous que je sortirai du trou à rats où on est enfermés.

Un long silence. Diesel croise les mains sous sa tête. Il regarde le ciel et dit :

– Tu ne m'aimes pas ?

Silence.

– Tu ne m'aimes pas du tout, hein ?

– Oh ras le bol avec ça. Tu me lâches un peu. On est venu se bronzer, se baigner. Les mecs, qu'est-ce que vous êtes lourds.

Diesel rit. Un rire brouillé, qui sonne faux. Il se rapproche de Love Me et pose une main sur son ventre.

– Je m'en fous que tu m'aimes pas, des filles comme toi j'en trouverai des centaines. Laisse-toi faire et voilà.

Sa main rampe vers les seins. Pas longtemps. Love Me s'agenouille et colle une gifle à Diesel. Un claquement sec, brutal. Barbara abandonne son roman et regarde. Je souris. Je sais que je ne devrais pas, mais je souris. Love Me ramasse sa serviette de bain et s'en va. Diesel, debout, me voit. Voit mon sourire, malgré l'écran du buisson. Ses yeux deviennent des ovales incandescents.

– Salut, Léo ! dit Diesel.

Il prend sa serviette de bain, suit Love Me. Trois pas seulement. Il se retourne, me désigne de son index tendu et lance.

– À bientôt, Léonard !

Son large sourire me prévient que je paierai cher ce dimanche à la piscine.

CHAPITRE IX

Freddy Latier marchait autour de l'Espace des Sports, autrement dit le gymnase, qui abritait le concert de plusieurs rappeurs régionaux, dont celui d'un groupe assez connu appelé *Mange ta vie*. Il était près de minuit. La colère de Freddy grandissait au fil des heures. Il contourna le bâtiment, d'où surgissait une musique assourdissante, entrecoupée des hurlements des « mille connards entassés là », selon la définition de Freddy.

– N'importe qui chante du rap maintenant, grogna Freddy, à l'adresse de Bravo, le berger allemand qui assurait lui aussi le service d'ordre du concert.

Freddy rejoignit son collègue, posté de l'autre côté du bâtiment. Un vieux type d'une cinquantaine d'années, dont le principal souci était de griller des cigarettes. « Pas un professionnel », avait ricané Freddy, quand l'organisateur du concert les avait embauchés, en concluant l'entretien par :

– Vous ne serez que deux et Bravo, mais débrouillez-vous pour que tout se passe bien. Je compte sur toi, Freddy, tu es un pro.

La pommade compensait la minceur de l'indemnité perçue pour assurer l'ordre de 19 h à 1 h du matin.

Avant d'atteindre son collègue, apparemment endormi sur un banc, Freddy eut le temps de se rengorger une fois de plus. Il était un professionnel, oui, et un des meilleurs. À vingt-sept ans à peine, il en était à six années d'un boulot de videur de boîte de nuit, de gros bras encadrant des manifestations, bref il acceptait de montrer ses muscles partout où des foules se rassemblaient. Durant six mois, Freddy Latier avait même été mercenaire en Côte d'Ivoire. Un job vite abandonné, en dépit du salaire mirobolant : il risquait trop sa peau. Une balle causait plus de dégâts qu'un poing, or si Freddy adorait la baston, il s'imposait deux limites. *Primo* : ne pas risquer sa vie. *Secundo* : ne participer qu'aux actions qui lui promettaient d'être le plus fort et d'envoyer facilement l'adversaire au tapis.

Bravo gronda en approchant de l'entrée de l'Espace des Sports et du parking, un amas de bus et de voitures rangés n'importe comment, qui promettait de devenir un beau cirque dans dix minutes quand les mille spectateurs sortiraient.

– Roger, réveille-toi ! cria Freddy. Ça castagne derrière le gymnase. Il y a deux morts !

La plaisanterie ne produisit pas d'autre effet que le bâillement de Roger. Il se leva, grogna « je m'en fous ». La lumière électrique, déversée par un lampadaire, dévoila son teint blafard. La fatigue et le manque d'habitude des nuits sans sommeil. Freddy jeta un regard de mépris à Roger. Quelle tête il se paierait si c'était une nuit d'hiver à se geler, alors que ce mois de juin était caniculaire…

– T'aurais pas une bibine de reste ? demanda Freddy, en tirant un coup si violent sur la laisse de Bravo que le berger allemand dût se dresser sur ses pattes arrières.

– Non, répondit Roger.

Il désigna Bravo.

– Méfie-toi. Un jour, le clebs te bouffera. Il aura raison. La vengeance est un plat qui se mange froid.

Freddy éclata de rire. Sa main gauche palpa son énorme ventre qui débordait d'une ceinture pourtant au dernier cran.

– Je lui conseille de se tenir tranquille ou je le ramène au patron la tronche en bouillie. T'entends ce concert de chiotte ? Ils appellent ça du rap sous prétexte qu'ils débitent des mots à la queue leu leu avec une couche de musique par-dessus.

Roger alluma placidement sa trentième cigarette de la soirée. Toux. Raclements de gorge.

– Tu devrais arrêter de fumer, constata Freddy. T'as le cercueil qui t'attend au bout de tes paquets de clopes.

Roger désigna le ventre de Freddy. Sa voix demeura morne, comme s'il annonçait le temps du lendemain.

– T'as sûrement raison. Mais est-ce que je te dis que tu es un sac à bière et que l'alcoolisme te conduit aussi au cimetière ?

– Ouais, bon, ça va ! coupa Freddy Latier. On ferait mieux de penser au boulot quand ce millier d'excités sortira. Ils se croiront tout permis, surtout avec le binz sur le parking, les cars mélangés aux bagnoles, sans places délimitées. Ça risque de cogner. Au fait, je t'ai dit qu'autrefois je dirigeais un group de rap ?

– Je m'en fous, rétorqua Roger. Comment on s'organise ?

– Je m'occupe des bagarres, dit Freddy, hilare. Je connais et j'en ai pas peur. Toi, tu canalises la circulation sur le parking.

– De toute façon, je ne frapperai jamais personne, déclara Roger. La violence m'écœure.

D'un air dégoûté, Freddy Latier expira une impressionnante quantité d'air.

– M'étonne pas. Le patron perd son argent en t'employant. Je refais une ronde avec Bravo et après ce sera la sortie. On se débrouille comme on a dit.

Freddy Latier s'enfonça dans l'ombre après avoir tiré brutalement sur la laisse de Bravo.

– T'arrête de grogner sale cabot ! s'exclama Freddy Latier.

Bravo reniflait la nuit. Il se retournait, montrait les crocs, grondait.

Freddy en voulait au chien de lui donner de faux espoirs. Il n'y avait hélas rien en vue, pas même un mince désordre. Encore une soirée qui se déroulerait sans anicroche, sans la moindre baston, or Freddy aimait la violence. Ses capacités de raisonnement n'excédaient pas celles d'un enfant de six ans. Pour lui, la force devenait loi. Il concluait toute conversation tournant à son désavantage par sa phrase fétiche :

– Tu la fermes ou je t'envoie au tapis.

Ce à quoi, Roger avait répliqué :

– Tu trouveras plus fort que toi un jour ou l'autre et il t'enverra au tapis et celui qui t'enverra au tapis ira au tapis à son tour et ainsi de suite. Tu te conduis comme un homme de Neandertal.

– C'est où, Neandertal ? avait demandé Freddy, avant d'ajouter : T'as raison, sauf que moi je suis pas tombé de la dernière pluie et j'évite ceux qui peuvent m'envoyer au tapis.

Freddy Latier disposait d'un cerveau minuscule, mais son vaste estomac était capable d'accueillir autant d'alcool qu'il fallait pour lui permettre d'oublier son existence animale.

Cette nuit de concert, Freddy aurait dû prendre garde aux réactions de Bravo. Le berger allemand, plus intelligent que son maître, flairait l'ombre qui les suivait, loin en arrière. Elle se déplaçait d'arbre en arbre, de recoin en recoin, évitant les zones qu'éclairaient les lampadaires. En se montrant plus attentif, Freddy aurait peut-être repéré la tache blanche d'une capuche enfoncée sur une tête, le flottement d'un pantalon trop long et trop large, et qui sait, peut-être même l'éclat des baskets trop neuves. L'uniforme hip-hop si convenu d'une partie des spectateurs du concert.

Mais Freddy Latier ne voyait rien et ne verrait rien parce qu'il n'avait que mépris pour la manifestation qu'il sécurisait. Un concert minable, organisé par des minables présentant sur scène des rappeurs minables qui profitaient d'une mode pour vendre leur musique minable. La jalousie rongeait Freddy.

Lui, n'avait pas eu cette chance. Pourtant, sa musique était d'une autre qualité, mais son groupe était né trop tôt. Avant la mode.

– Pauvres connards, siffla Freddy, entre ses dents.

Une vague de hurlements troua les murs de l'Espace des Sports. Voilà, c'était la fin du concert. Mille personnes à évacuer. Une grande majorité de mômes de quinze à vingt ans. Ça promettait. L'enchevêtrement des véhicules annonçait de belles engueulades, des coups de klaxon, des cris. « Peut-être de la bagarre ? » songea Freddy, en passant une langue gourmande sur ses lèvres. Il se dirigea vers la sortie de la salle. L'ombre qui le suivait se rapprocha. Bravo aboya.

– Tu la fermes ou je t'envoie au tapis ! commenta Freddy.

Ainsi qu'il l'avait prévu, l'évacuation du parking se fit dans un indescriptible désordre. Freddy Latier jubilait. Avec un peu de chance, des voitures se caramboleraient, d'où des disputes qui amèneraient des bagarres dont il tirerait partie. Il se plantait alors devant deux ou trois types au gabarit modeste, si possible éméchés, remontait son pantalon au-dessus du nombril noyé dans la graisse et annonçait :

– Quelque chose cloche, les gars ?

« Les gars » jaugeaient le crâne rasé, les tatouages sur les bras, les mains velues et les poils noirs exhibés hors du col en V du T-shirt et surtout le regard de veau de Freddy. En général, ils bégayaient « non, non tout va bien » et s'éloignaient. Dans le cas contraire, Freddy frappait le premier en choisissant l'individu le plus faible. Le sang coulait. Les autres déguerpissaient.

Ce soir, il ne se passerait rien. Le parking se vidait à coups de klaxon exaspérés, mais pas de colère qui tournait au vinaigre. Le moral de Freddy Latier déclinait. D'ici une heure, il regagnerait son deux-pièces sordide sous les toits, où régnait une insupportable chaleur. Et l'été commençait aujourd'hui, 21 juin : si ce temps persistait, août verrait l'enfer. Inutile d'inviter Roger à boire des bières : il refuserait. Ce type était un intello, préférant lire plutôt que picoler avec des copains en rigolant. Le genre d'individus dont Freddy avait horreur. Et avec tout ça, pas d'autres boulots en perspective avant juillet. Il avait décroché le service d'ordre de trois concerts sur la Côte d'Azur, mais ce serait loin de suffire à payer le loyer et le reste.

Il ne restait plus sur le parking qu'un énorme poids lourd. Un camion dans lequel on finissait d'entreposer les chaises de la salle, les tables des buvettes et le barda que trimballaient les six groupes musicaux. Il n'y avait plus grand monde. Quelques-uns des organisateurs. Les gros bras qui chargeaient le bahut. Une vingtaine de spectateurs refusant de perdre une miette de la soirée pour laquelle ils avaient payé quinze euros.

– Une escroquerie ! ronchonnait Freddy.

Il aperçut la voiture de la gendarmerie qui tournait autour du parking avant de repartir. Une ronde. Les keufs se pointaient toujours quand c'était fini. Freddy les détestait. Il détestait d'ailleurs l'humanité entière, responsable selon lui de la médiocrité de son existence. Comme il ne lisait aucun journal, n'écoutait ni la radio ni la télévision, Freddy Latier ignorait que les gendarmes recherchaient un assassin.

Il s'approcha du camion qui démarrait. Une voix le héla. Freddy se retourna et retint Bravo qui grondait et voulait se ruer sur l'individu à capuche qui lui parlait. « Drôle de touche », pensa Freddy Latier.

– Vous avez perdu quelque chose, annonça la voix issue de la capuche du sweat enfoncée profondément sur la tête.

L'espèce de clown déguisé lui tendait un objet verdâtre, ainsi qu'un habit plié, probablement un T-shirt. Par réflexe, Freddy prit le tout, s'apprêta à dire « non, ce n'est pas à moi », mais le quinze tonnes démarrait dans son dos. Il se retourna, ce qui l'empêcha de voir les deux mains de l'individu le poussant sous les roues du camion. Bien sûr, en mourant écrasé, Freddy Latier n'eut guère le loisir de songer qu'il rencontrait cette nuit-là plus fort que lui, et que ce plus fort que lui l'envoyait à son tour au tapis.

CHAPITRE X

La voiture de gendarmerie patrouillait dans les rues de Sponge pour la cinquième nuit consécutive. Malgré la fatigue, Lili et Vlad supportaient mal de rester enfermer dans leur bureau. Attendre. Attendre le troisième meurtre dont Lili Rigosi annonçait l'évidence, parfois contre l'avis de Vlad et celui de la brigade. Chaque matin, Malot clamait « encore un jour de gagné ! ». La mort de Monica remontait au 18 mai. La menace s'éloignait.

Les rondes étaient aussi une façon d'être ensemble, loin des regards plus ou moins ricanants de la brigade, des lourds sous-entendus de Thénot : « Vous avez beaucoup travaillé vos dossiers cette nuit, mon adjudant ? » Lili devenait écarlate. La surveillance nocturne de la ville permettait à Lili et Vlad de se conduire comme des adolescents amoureux. Vlad conduisait la Peugeot. Quarante km/h. Lili, quand les rues étaient désertes, se blottissait contre lui. Aucun manuel de police ne conseillait une telle décontraction pendant le service et encore moins de poser la main sur la cuisse du conducteur. De même, était-ce raisonnable de s'accorder des pauses au fond d'une impasse non éclairée afin de s'embrasser ? Probablement pas, mais il leur semblait avoir gâché tellement de temps avant d'en arriver là qu'ils devaient maintenant profiter de chaque minute. Leur première nuit ensemble s'était produite le soir de l'interrogatoire de Marc Savix. Depuis, ils s'en voulaient d'avoir tant tardé à prononcer ces mots si simplement évidents : je t'aime.

Cette nuit du 21 juin était particulièrement étouffante, surtout sous leur uniforme de gendarmes. Avant de grimper dans la voiture, Lili Rigosi avait prévenu la brigade.

– Ce soir, attention ! Vous connaissez ma conviction : l'assassin frappera une troisième fois. Le concert à l'Espace des Sports drainera un bon millier de personnes. La ville verra sa population augmenter d'un tiers : une bonne occasion pour le meurtrier d'agir sans grand risque. Soyez vigilants.

Les rues de Sponge étaient désertes. Minuit. La ville dormait ou assistait au concert de rap.

– Gare-toi sur ce parking, dit Lili à Vlad. On s'accorde une pause.

Le parking, loin du centre, était vide. Lili Rigosi bâilla. Elle repoussa ses cheveux vers l'arrière de son crâne, s'étira, bâilla encore, marmonna « éteins les phares », puis « je suis crevée » et enfin « sers-moi un café, c'est un ordre de ton adjudant ». Vlad rit, aventura une main hypocrite sur le cou de Lili. Elle la retira, soupira :

– Non, Vlad. Si on commence ainsi… Je t'en supplie, un café, seulement un café et quand le cirque de cette nuit sera enfin terminé…

Elle se jeta à son cou, l'embrassa goulûment, comme s'il était une glace au cassis, ses préférées, qui allait fondre. Puis, elle s'éloigna aussi vite et murmura : « J'ai tant d'années perdues à rattraper. » Vlad, trop fatigué pour éclaircir le sens d'une phrase qu'il ne comprenait pas, se contenta de prendre la thermos et de verser du café dans les gobelets en carton. Sa voix se fit funèbre.

– On perd notre temps à tourner ainsi en ville. Tu espères quoi ? Que l'assassin se mette au milieu de la route, lève le bras et crie : « Coucou, c'est moi que vous cherchez ? »

Lili plissa les lèvres. Vlad n'était qu'une ombre qu'éclairait à peine la lueur du témoin de la radio branchée sur la fréquence de la gendarmerie. Livov ne serait jamais un bon flic. Trop d'impatience. Trop de découragement. Trop de fragilité. Trop… Lili pensa qu'en fait Vlad n'aimait rien de ce métier.

« Sauf moi », se dit-elle, ce qui amena un sourire sur ses lèvres, sourire que le brigadier perçut malgré l'obscurité.

– Pourquoi tu ris ?

– Parce que nous allons profiter de cette pause pour faire une nouvelle fois le point et que tu vas détester ça, répliqua Lili. Tu m'écoutes et tu m'interromps si je me trompe. D'accord ?

Vlad soupira.

– Un bon lit, une bonne nuit, ça ne te tente pas ?

Lili lui donna un baiser furtif et se rencogna aussitôt dans sa partie de siège.

– L'assassin n'est pas une gitane, commença Lili Rigosi, mais bel et bien un adolescent qui laisse les mêmes empreintes sur les pièces d'échecs en savon, sur les vêtements posés sur les victimes, ces deux éléments apparaissant comme une signature…

– Sugar, Love Me, marmonna Vlad d'une voix lugubre. Des inscriptions débiles.

Lili but une gorgée de café brûlant.

– On est tous d'accord à la brigade et le proc' aussi : l'assassin donne l'impression d'avoir envie de se faire arrêter. Aucune précipitation dans ses actes, il sème partout ses empreintes, il abandonne une casquette, un T-shirt…

– À moins que nous soyons tout simplement en présence d'un fou, intervint Vlad.

– C'est un fou, confirma Lili. Tous ses actes le prouvent. On pense que la musique relie les deux meurtres : Monica Savix connaissait David Legal et les deux appartenaient à un groupe de rappeurs, des musiciens du dimanche comme il en existe des milliers. Mais ils étaient trois et Marc Savix ignore le nom du troisième.

– Tu m'aimes ? demanda Vlad, d'une voix soucieuse.

Lili repoussa la main mise sur son genou.

– Vlad, dix minutes de sérieux, d'accord ?

– Bien chef ! ironisa Vlad. Donc, chef, comme vous lisez beaucoup de romans policiers, vous concluez que l'assassin tuera ce troisième rappeur du dimanche, une nuit, celle-ci ou une autre, ce qui vous donne un alibi pour ne pas dormir avec moi dans un bon lit. À la place, on sillonne les rues de Sponge pendant que Malot et Balu en font autant dans une autre voiture. Un plan magnifique, chef !

Lili Rigosi n'émit même pas un sourire. Elle froissa le gobelet vide et le conserva broyé dans sa main.

– Je suis certaine qu'il le fera, Vlad. Pourquoi pas cette nuit, à la sortie de ce foutu concert, quand la pagaille sera à son maximum ? Nous ne pourrons pas surveiller tout le monde et l'assassin le sait.

Vlad se rapprocha de Lili. Son parfum le rendait fou. Elle le rendait fou. La femme de sa vie. Il ne l'aurait jamais rencontrée s'il n'avait pas choisi ce métier délirant de gendarme. « La vie est ahurissante de dinguerie » songea Vlad, mais il prononça des mots davantage en rapport avec les préoccupations de sa supérieure hiérarchique.

– Il suffit de surveiller les adolescents.

Il ricana, ajouta :

– Pas sorcier. Ils seront six ou sept cents, dont une bonne partie fringuée mode rappeur déclinée sur tous les tons, alors il n'y a plus qu'à plouffer entre eux pour trouver le bon.

L'humour amer de Vlad attrista Lili. La fragilité de son adjoint l'inquiétait. Elle le protégerait. Elle jeta son gobelet froissé par la vitre ouverte de la Peugeot.

– Bravo, l'écolo, dit Vlad.

– Vlad ?

– Oui, chef ? On rentre se coucher ?

– Non. Et si l'assassin n'était pas un adolescent ?

– Quoi ? s'étrangla Vlad.

La voix de Lili se durcit.

– Allons, Vlad, ne me dis pas que cette supposition ne t'a jamais effleuré.

– Mais… Les empreintes de taille réduite, l'allure de l'assassin décrite par Savix et le couple Biegel…

– Des indices troublants, oui, reconnut Lili Rigosi. Mais tu oublies le message délivré aux deux vieux dans l'escalier de Legal : « Dites aux gendarmes que Sugar m'a tué. » Ce message, tu le connais aussi bien que moi, Vlad. Il signe une célèbre erreur judiciaire. L'assassin connaît aussi ce fait divers et c'est sa façon de nous prévenir : « attention, vous faites fausse route ».

Vlad tapota le volant.

– Peut-être…

Il se tourna vers Lili. Elle avait allumé le plafonnier de la Peugeot et s'observait dans le miroir.

– À quoi je ressemble ! Je suis à faire peur.

– Tu es belle, dit Vlad.

Il hocha la tête. Un pressentiment lui disait que Lili avait raison. Elle avait un instinct de policier. Pas lui. Pourtant, il continua à jouer la carte du doute.

– Si on se trompait sur plusieurs points ?

Lili éteignit le plafonnier. Sa voix se teinta d'une lourde ironie.

– Ah oui, lesquels ? On patauge complètement. Notre seule hypothèse est : un adolescent serial killer. Je crois que l'assassin, le rappeur de la nuit, nous répète à sa façon : « Je ne suis pas celui que vous croyez. »

– D'accord, admit Vlad. Et après ? Pourquoi cette casquette Sugar, ce T-shirt Love Me ? Pourquoi ces risques pris par le criminel et pourquoi souhaiterait-il qu'on l'arrête ? Pourquoi cette pièce de jeu d'échecs sculptée dans du savon ? Nous n'avons que des « pourquoi » à nous mettre sous la dent.

Lili se blottit contre Vlad.

– Je suis épuisée. Le procureur s'énerve. Si on ne découvre rien de nouveau d'ici une semaine, il dessaisira la brigade et nommera un juge d'instruction qui confiera le dossier au SRPJ.

– Surtout si le troisième meurtre que tu envisages se produit, murmura Vladimir Livov.

– Il se produira, confirma Lili. Accordons-nous encore cinq minutes et on reprend la patrouille.

Ils s'embrassèrent. Somnolèrent, tête contre tête. Cinq minutes, pas davantage, car il fallait se rendre devant l'Espace des Sports. C'était leur tour, les gendarmes Malot et Balu ayant opéré plusieurs rondes durant l'heure précédente.

– Tu dors ? demanda Lili. On est bien, mais on doit y aller.

Vlad murmura :

– Je t'en prie, ne bouge pas. Pas encore.

Puis :

– Lili, tu es la première femme que j'aime. Je... Je n'ai eu personne d'autre que toi, dans ma vie. À mon âge, c'est incroyable, non ?

Lili conserva le silence.

– Et toi ? demanda Vlad.

– Bof, fit Lili. Des histoires sans importance.

– Il n'y a pas eu une fois une histoire importante ? insista Vlad. Quel dommage. On ne devrait pas traverser ainsi les années sans aimer quelqu'un. C'est... C'est du gâchis.

Lili Rigosi s'écarta de Livov. Elle parla en regardant le parking à travers la vitre de la portière, si bien qu'elle tournait le dos à Vlad. Les mots se perdirent dans la nuit.

– Si, j'ai aimé quelqu'un, autrefois. J'avais quinze ans et le garçon aussi. Pour nous deux c'était notre première fois. Nous nous sommes fait les grands serments de l'adolescence : on ne se quitterait pas même si la vie nous séparait, enfin bref toutes ces si belles phrases qu'on prononce à cet âge-là. Puis…

Un long silence que Vlad respecta. Lili fouilla sa mémoire et poursuivit.

– C'est si loin et j'en garde un si mauvais souvenir.

– Un mauvais souvenir ? s'étonna Vlad. De son premier amour ? On dit que c'est le plus beau.

– Pas toujours, dit Lili d'une voix triste. On s'est embrassés une dizaine de fois. Il avait peur de l'après et j'avais aussi peur que lui, mais il n'y a jamais eu d'après. Il s'est passé quelque chose… Peu importe. J'ai été lâche. J'ai cru qu'il me mépriserait pour cette lâcheté, alors je ne l'ai jamais revu. Mes parents ont déménagé, je suis partie en Bretagne, puis il y a eu l'école de police, la vie quoi. Je devais revenir en vacances à Sponge, chez ma grand-mère, mais elle est morte, alors voilà…

Lili Rigosi émit un filet de rire.

– C'est aussi pour cette raison que j'ai souhaité être gendarme à Sponge, là où j'avais vécu mon enfance et mon adolescence. Peut-être…

Elle se retourna. Vlad termina la phrase.

– Peut-être qu'inconsciemment, tu souhaitais renouer avec cet amour d'enfance ? Tu espérais qu'il vivrait toujours ici ?

Silence.

– Oui, dit Lili. Oui, peut-être.

– La concurrence ne m'effraie pas, grommela Vlad.

Ils rirent ensemble.

– Au travail maintenant ! dit Lili Rigosi, d'un ton plus ferme. Il y a plus d'une heure que nous ne sommes pas allés devant l'Espace des Sports et maintenant, après toute cette discussion, le concert est sans doute terminé.

Vlad démarra la Peugeot. Alluma les phares. Un chien famélique traversa la lumière, puis le témoin radio clignota, des grésillements se produisirent et la voix de Malot emplit l'habitacle de la voiture de gendarmerie.

– Chef... Chef... Chef...

Lili Rigosi sourit. Dit :

– Il demande l'autorisation de rentrer puisque le concert est terminé.

La voix de Malot changea de ton. Autoritaire, violente.

– Rigosi, répondez, ça urge !

Lili décrocha l'écouteur radio.

– Pas trop tôt ! s'exclama Malot. Les ennuis maxi, chef. Un type vient d'être poussé sous un camion, sur le parking du concert. Il s'appelle Freddy Latier, il faisait partie du service d'ordre. Le chauffeur du camion a vu un adolescent, vêtu d'un sweat avec capuche, pousser Latier sous le camion qui démarrait. Devinez ce qu'on a trouvé près du cadavre ?

– Je m'en doute, répondit Lili d'une voix blanche. Dites-le quand même.

– Une pièce de jeu d'échecs en savon. La même que les autres fois. Elle était posée à moins d'un mètre du corps. Et il y avait aussi un T-shirt portant l'inscription « Diesel ».

– Quoi ? s'énerva Lili Rigosi.

– Oui, chef, Diesel comme le nom d'un moteur. C'est dingue, non ? Et épinglé au T-shirt, on a trouvé une carte avec écrit dessus : « Dites aux gendarmes que Diesel m'a tuer. » Tuer avec la faute d'orthographe en prime, chef, vous verrez.

CHAPITRE XI

25 *juin*

Le jour.

Le jour du plus grand bonheur devenu celui du plus grand malheur.

Je te raconte tout, Marlène, pour quand tu me liras. Je te donnerai mon journal, je ne sais ni quand ni comment, mais tu me liras.

J'ai quinze ans depuis ce matin. Le BEPC en poche, parce que, même sans les résultats affichés, je suis certain d'obtenir mon premier diplôme, comme toi, Marlène, es certaine aussi de ta réussite.

Je suis devant la prison quand papa la quitte. Maman et lui se tiennent par la main. Ils marchent, s'embrassent, marchent. Je les vois depuis mon banc. Papa est maigre. Il est beau. Je les regarde avancer dans la longue allée menant vers la liberté. On dirait un couple de cinéma. On dirait un happy end de cinéma.

Ils sont à trois mètres du banc. Je suis incapable de me lever. Mes fesses restent collées au bois.

– Papa !

– Léo !

Un dialogue de cinéma.

Après, mon père m'embrasse. Je l'embrasse, mais je pleure un fleuve de larmes et papa aussi et maman aussi. À quoi on ressemble à chialer devant cette prison au lieu de fuir à toutes jambes ?

– Papa…

Impossible de prononcer une phrase. De raconter. Pendant tout le trajet du retour vers Sponge, je bredouille des « papa » à n'en plus finir et chaque fois, je pleure.

– Ça ira mieux ce soir fiston, m'encourage mon père. Il y a des trucs parfois difficiles à avaler dans la vie, mais on y arrive.

– Léo est amoureux, annonce maman, pour dire quelque chose. Il voit souvent une fille, une certaine Marlène. Elle est belle, tu verras. D'ailleurs, ton fils joue au tennis avec elle cet après-midi, c'est ça, hein, mon Léo ?

Je dis « oui », puis « elle est blonde ». J'aimerais raconter à papa qu'on s'est embrassés des dizaines de fois depuis ton retour à Sponge, plus tôt que prévu, parce que ta mamie allait mieux. Je me tais. Je garde mon secret pour plus tard.

– Alors, tout va bien ? demande mon père.

Je hoche la tête. Pourquoi gâcher le premier jour de liberté de papa en parlant de ces trois crétins qui me font si peur ?

– Léo, je te fais une promesse, une vraie promesse d'homme à homme puisque tu as quinze ans aujourd'hui : je ne retournerai jamais en prison. Les motos, c'est fini. En te voyant sur le banc…

Papa se tait, puis se tourne vers moi qui suis assis sur le siège arrière de la voiture.

– Léo, en te voyant pleurer sur ce banc, là devant la prison, j'ai compris que j'en avais fini avec les bêtises. Je vais me soigner.

Il se retourne, fouille dans le sac posé à ses pieds et dit :

– Maman t'a prévenu que j'avais un cadeau pour toi ? J'y ai travaillé chaque jour, ainsi je pensais à toi chaque jour. Barbara affirme que tu es de plus en plus passionné et que tu deviens un excellent joueur.

Papa me tend un paquet.

– Ouvre, fiston.

Pendant que je déchire le papier, mon père rit et commente :

– Je reconnais que ce n'est pas l'œuvre d'un artiste, mais tu n'imagineras jamais combien j'ai saccagé de savonnettes pour parvenir à ce résultat.

Un jeu d'échecs. Toutes les pièces.

– En savon, dit papa. Sculpté avec le dos d'une petite cuillère parce qu'on n'a pas le droit d'avoir de couteau là-bas.

Toutes les pièces en savon vert.

– Elles ne sont pas fragiles, précise papa.

Je bredouille un merci. Le jeu est dans son papier, sur mes genoux. Les pièces tremblent. Je les touche les unes après les autres. Sans arrêt. Je sais que jamais, quoi qu'il arrive, je ne recevrai de plus beau cadeau.

– Quel temps magnifique ! s'exclame papa.

Il entoure de son bras l'épaule de maman. Elle ralentit sa vitesse, par prudence et aussi pour bien en profiter.

– Le monde nous appartient, mes chéris, lance papa. Allez, que la vie roule désormais !

Marlène m'attend devant l'Espace des Sports. Je ne joue plus au tennis depuis des mois, de peur d'y rencontrer Sugar qui passe des heures sur les courts. Mais comment refuser la proposition de Marlène ? Être avec elle, avant tout.

– Deux sets te changeront des échecs devant un ordinateur.

Elle me dit ça en riant. Elle se doute que le tennis ne me tente pas beaucoup. Je me dis que je ne risque rien. Personne, à part nous, ne sera assez fou pour se risquer sur un court de tennis par une chaleur pareille.

– Bonjour, Léo.

Tes lèvres ont le goût d'une glace au cassis. Je te le dis. Tu ris.

– Je viens d'en lécher une. J'adore les glaces au cassis.

Tu portes une jupe bleue et un T-shirt rose. Tu es belle.

– On se change sur le terrain ? propose Marlène.

Elle désigne les trois courts déserts, écrasés de soleil. Mais enlever mon jean, enfiler un short, changer de T-shirt devant toi… ça non, même si je crève d'envie de te voir faire la même chose. Je rougis.

– Allons dans le vestiaire, décide Marlène.

Tu dis ça d'une voix tremblante. Nous serons seuls dans ce vestiaire, pour une fois loin du regard des autres. Mon cœur s'affole. Tu me prends la main.

– Viens, Léo.

Noël en juin : mon père, qui me manquait tant, sort de prison, ma petite amie m'attire dans un vestiaire.

J'ouvre la porte de la salle réservée aux joueurs de tennis.

– Tiens, tiens, surprise ! dit Diesel.

Sugar, Diesel, Love Me. Couchés sur les bancs.

– On vient troubler notre sieste au frais ? marmonne Love Me. Je n'aime pas trop ça.

Elle se lève.

– Partons, Léo, dit Marlène.

Trop tard. Love Me claque la porte.

– Vous n'allez pas vous tirer comme ça, les amoureux, annonce Diesel. Alors, on cherche un coin peinard pour…

Il éclate de rire, frappe du poing l'épaule de Sugar.

– T'aurais pensé ça, Sug, de ce puceau de Léonard ?

Marlène met la main sur la poignée de la porte.

– Viens, Léo, on s'en va.

Je bouscule Love Me pour qu'elle libère le passage. Sa tête heurte une étagère. Du sang. Pas beaucoup, à peine une éraflure, mais elle devient folle de rage.

Marlène, tu réussis à ouvrir la porte.

– La meuf, tu te crois où ? crie Sugar. Tu ne sais pas qui commande ici ?

Les deux garçons sont près de nous. Love Me regarde le sang sur ses doigts. Diesel referme la porte, s'y appuie et dit :

– On reste quelques minutes ensemble. On n'est pas bien, ici, au frais ? Léo le mariole, tu étais avec ta mère l'autre jour à la piscine ?

– Laissez-nous sortir ! déclare Marlène, d'une voix cinglante.

– Pas tout de suite, ma jolie, rétorque Diesel. Ça t'a fait marrer, Léo, de me voir à la piscine avec Love Me ? Tu vois, je tentais ma chance, comme toi aujourd'hui avec elle, là. C'était pas mon jour. J'aurais peut-être dû draguer ta mère ? Elle est pas mal, ta mère. Ça lui aurait sûrement plu.

Mon poing part. Mon pied suit. Diesel évite le poing, pas le pied. Il crie de douleur. Sugar rit. Diesel lui balance un regard méchant.

– Fichez-nous la paix, bande de tarés, murmure Marlène.

Ta voix perd de sa force. Tu commences à avoir peur.

Et moi, j'ai très peur. Je comprends que Diesel profitera de ta présence pour me faire payer l'humiliation de la gifle donnée par Love Me à la piscine.

– Toi, la meuf, tu la fermes ! dit Love Me. Elle sort son cutter. La lame luit.

– Tu dirais quoi Léo l'intello si j'abîmais la jolie tronche de ta copine ? continue Love Me. Si tu n'obéis pas à mes copains, c'est elle qui trinque. Tu piges, mon Léo ?

Marlène est blême. Son regard ne quitte pas le cutter. Les mains de Love Me tremblent, signe qu'elle a peur elle aussi, pourtant je pense qu'elle frappera si Diesel le lui demande. Sugar retourne s'asseoir sur un banc. Il grogne « moi, je ne me mêle pas de ça » et se tait.

Diesel crache les mots entre ses dents.

– Approche plus près, Léo.

J'obéis. Il me gifle.

– La baffe rembourse ton coup de tatane.

Marlène, tu sursautes et tu pleures. Je ne pense qu'à une chose : qu'ils ne te touchent pas ! Qu'ils fassent de moi ce qu'ils veulent, mais qu'ils ne te touchent pas, sinon…

Sinon, quoi ? Ils sont trois, débordant d'imbécillité méchante, et il y a le cutter.

Diesel me repousse du plat de la main.

– Je déteste quand tu me zieutes de si près.

Il s'assied sur le sol, le dos appuyé à la porte. Love Me pose le cutter sur le cou de Marlène.

Ton cou.

Love Me agit comme un personnage de cinéma. Elle ne se rend plus compte qu'elle menace la vie de Marlène, une vraie vie, qu'il n'y pas de caméra, que ce n'est pas une scène de film.

Tu as des haut-le-cœur. Ils amusent Diesel, pas Sugar qui proteste.

– Arrêtons de déconner. On va à la piscine ? On s'en fout de ces deux-là.

– La ferme ! dit Diesel. Tire-toi si tu en as envie, les *Sans Lendemain* peuvent se passer de toi définitivement.

Sugar reste.

Diesel rassemble ses jambes contre sa poitrine et pose la tête sur ses genoux. Ses yeux flamboient de brutalité, mais il sourit de toutes ses dents, comme s'il s'apprêtait à m'annoncer des choses gentilles.

– À poil !

D'abord, je ne comprends pas. Le sourire de Diesel s'élargit.

– Tu t'es bien marré, l'autre jour à la piscine. Maintenant, à mon tour de rigoler. Je suis sûr que ta copine n'attend que ça : te voir à poil. À poil, Léo, tu te désapes complètement.

– T'es dingue !

Je cherche quoi dire d'autre. Ne trouve pas. Ma langue se colle au palais. Diesel adresse un signe à Love Me. Dit :

– Appuie.

Love Me lui lance le cutter.

– Fais-le toi-même gros malin !

Diesel bondit sur ses jambes, sans même s'aider de ses mains. Un ressort. Il tient le cutter. Il avance vers toi, Marlène. Je lis dans ses yeux qu'il le fera.

Je hurle :

– Non ! Ne touche pas à Marlène ! D'accord, d'accord !

Je me déshabille. Entièrement.

Aujourd'hui, 25 juin encore

Mon anniversaire. J'ai vingt-cinq ans.

J'écrivais ce journal il y a dix ans. Dix ans de haine, jour après jour. Je n'ai jamais pu me débarrasser de cette lèpre. Elle m'a conduit à la folie. Oui, Marlène je suis fou et cette folie m'a conduit aux meurtres. Je n'en peux plus. Demain, je te reverrai enfin. Pour la dernière fois.

Ce soir du 25 juin, il y a dix ans, je t'ai écrit cette lettre que je connais par cœur et que tu as dû jeter.

« Je ne veux plus te rencontrer. Jamais. Ma lâcheté me fait honte. J'ai honte de ce qui s'est passé, honte de cette humiliation subie sans que j'essaie de l'empêcher. Si je continuais à te voir, je ne pourrais pas supporter ton regard, je serais incapable de te parler. Tu pars bientôt

en Bretagne : c'est presque un soulagement. Adieu, Marlène. »

Tu as déménagé à la mi-août, sans que nous ne nous soyons revus une seule fois. Je restais enfermé dans ma chambre, à jouer aux échecs. À ruminer ma haine. A tenter de l'étouffer, sans jamais y parvenir.

Le temps s'est écoulé. J'ai quitté Sponge. Mes parents se sont installés sur l'île de la Réunion. J'ai réussi à subsister en jouant aux échecs. Je donnais des leçons, je participais à des tournois ou des compétitions dotés de prix, comme c'est le cas demain, à Dijon. Tu seras dans la salle.

Étrange répétition des événements, signe probablement de la méchanceté du destin. Il y a dix ans, la chaleur était aussi exceptionnelle que celle d'aujourd'hui. Et nous nous retrouvons tous à Sponge : toi, moi, eux. Eux dont je n'ai jamais perdu la trace. La haine m'a servi de flair et je les ai aussi bien surveillés qu'un détective privé. Aujourd'hui, ils sont morts. Ma vengeance est accomplie, mais je ne la supporte pas davantage que je n'ai supporté ce qu'ils m'ont fait subir. Je suis détruit à jamais.

Je t'écris cette pensée de Bouddha. Tu constateras à quel point elle s'applique à nous. Bouddha trace un cercle à la craie rouge et dit : « Quand des hommes, même s'ils l'ignorent, doivent se retrouver un jour, tout peut arriver à chacun d'entre eux, et ils peuvent suivre des chemins divergents, au jour dit, inéluctablement, ils seront réunis dans le Cercle Rouge. »

Durant ces dix ans, je ne suis pas parvenu à étouffer ma haine, mais il m'arrivait de penser, au fil des années qui s'écoulaient, que peut-être je ne tuerais jamais Diesel, Love Me et Sugar, que je ne le ferais qu'en imagination. Puis, j'ai appris ta nomination à la brigade de gendarmerie de Sponge et j'ai reçu cette invitation pour le tournoi de Dijon, la ville d'à côté. Le 26 juin, le lendemain de mon anniversaire. L'évidence de la pensée de Bouddha m'a sauté aux yeux. Nous étions tous rassemblés dans le Cercle Rouge. Alors, j'ai su que ma haine accoucherait de ces trois meurtres.

Mon père avait raison : la haine conduit au précipice.

À demain, Marlène.

CHAPITRE XII

Une nuit sans dormir. Une de plus.

À trois heures du matin, Lili Rigosi et Vlad Livov regagnaient la gendarmerie, après les constats habituels et une engueulade nourrie du procureur.

– Trois meurtres ! Bravo adjudant Rigosi ! Vous donnez la preuve éclatante de l'incapacité d'une brigade rurale à mener une enquête importante. En plus, quand cette brigade est dirigée par…

Arrêt de la tornade juste à temps, mais Lili avait complété les propos du procureur :

– Dirigée par une femme, monsieur le Procureur. Une femme sur le terrain, à trois heures du matin, pendant que vous dormez dans un bon lit.

Le proc' avait raccroché, mais Lili Rigosi devinait

la suite. D'ici deux jours, la brigade de Sponge serait dessaisie du dossier et l'enquête serait confiée au SRPJ de Dijon.

La colère de Vlad, durant le trajet entre l'Espace des Sports et la gendarmerie, avait en partie soulagé leur abattement.

– On est passés quatre fois devant cette foutue salle de gym ! Malot et Balu ont sillonné le parking et les alentours autant de fois ! Bilan : le rappeur de la nuit s'offre une troisième victime ! À quoi on sert, Lili ? Tu peux me dire à quoi on sert face à la barbarie de certains hommes ?

Lili avait soupiré.

– J'admets que nous sommes mauvais. On subit les événements.

Plus une parole jusqu'à l'arrivée à la gendarmerie. Quatre mots étranges dansaient une sarabande infernale dans la tête de Lili Rigosi : Diesel, Love Me, Sugar. Elle ruminait les faits. Trois victimes d'à peu près le même âge : 25-26 ans. Trois pièces d'échecs en savon. Trois *adolescents* déguisés en rappeur, mais qui ne faisaient qu'une seule et même personne et qui n'étaient probablement pas plus rappeurs qu'adolescents, en dépit des empreintes digitales correspondant à de petits doigts. Le coupable, une fois de plus, avait pris son temps. Le chauffeur du camion, sous les roues duquel Freddy Latier s'était retrouvé, donnait un témoignage indigné, mais précis.

– Un gamin comme y en avait des centaines dans la salle. Il a poussé l'homme, puis s'est éloigné tranquillement, d'abord à reculons, en m'adressant un signe de la main, comme s'il me disait au revoir. Il portait une capuche alors je n'ai pas pu voir son visage. De toute façon, je regardais plutôt l'homme sous mes roues...

Les pompiers avaient dû réanimer le chauffeur, pris de malaise.

Après ce retour silencieux, Vlad et Lili restèrent assis à l'intérieur de la voiture, devant la gendarmerie. Ils ressassaient les événements de la soirée, puis régurgitaient ceux des jours précédents. Lili tira la conclusion.

– Je suis certaine qu'il n'y aura plus d'autres meurtres. Le groupe *Sans Lendemain* n'existe plus.

– Pourvu que tu aies raison, marmonna Vlad. En somme, si on découvre l'assassin, on aura fait notre travail.

Encore ce ton sarcastique, si plein d'amertume, se dit Lili en quittant la voiture. L'autre véhicule de ronde, conduit par Malot et Balu, se trouvait déjà sur le parking, pourtant les fenêtres éclairées de la gendarmerie prouvaient que personne ne dormait. Ce qui signifiait qu'il était hors de question que Vlad suive Lili dans son appartement. Ils maintenaient les apparences hypocrites de la séparation entre vie privée et vie professionnelle. Vlad éprouvait un cafard monstre à l'idée de s'enfermer seul dans son deux-pièces, devant sa télévision puisqu'il ne pourrait pas fermer l'œil.

– Vlad ? dit Lili.

Il quitta la Peugeot avec réticence.

– Vlad, viens chez moi, proposa Lili. Je me sens incapable de rester seule durant les heures qui viennent.

Elle était très pâle.

– Les autres ? risqua Vlad.

– Je m'en fiche ! riposta Lili. Je t'aime, Vlad. De toute cette horreur, il restera au moins ça : je t'aime.

Le cœur de Vlad opéra un triple salto arrière. C'était sûrement indigne, vu les heures précédentes, mais il ressentait un bonheur inouï. Il prit Lili entre ses bras. Ils s'embrassèrent, puis en se tenant par la main, ils grimpèrent les marches, pénétrant ainsi dans le flot de lumière éclairant la gendarmerie.

– Je me fous de ce qu'ils penseront, murmura Vlad, en accentuant la pression de sa main.

Deux minutes plus tard, il n'était plus question de se « foutre » de quoi que ce soit et encore moins de passer la nuit avec Lili, du moins tel que Vlad l'imaginait.

– Chef, on a un message pour vous ! avait clamé le gendarme Olivier Thénot, de permanence cette nuit-là.

Il considérait d'un œil goguenard le couple se faufilant devant le vitrage du bureau des permanences. Il tendit à Lili Rigosi une enveloppe de papier bulle que bosselait un mystérieux contenu.

– Chef, sur le coup des deux heures du matin, expliqua Thénot, on a sonné à la grille. Comme personne n'entrait, je suis allé voir et j'ai découvert l'enveloppe coincée sous la porte.

Vlad et Lili lurent l'adresse et à côté, la mention « très urgent ».

Marlène Rigosi
Adjudant-chef

– Je savais tout juste que votre prénom était Marlène, constata Thénot. L'expéditeur vous connaît mal, sinon il saurait que tout le monde vous appelle Lili. J'avais jamais capté… C'est à cause de *Lili Marlène*, la chanson des Allemands pendant la guerre ?

Vlad lui lança un regard noir. Lili ouvrit l'enveloppe.

Une pièce d'échecs en savon vert. Un fou. C'est elle qui déformait le papier.

Lili ferma les yeux et vacilla. Vlad jura. Une feuille imprimée accompagnait le fou. Ils la lurent ensemble et en silence.

DIJON, LE SAMEDI 26 JUIN.

TOURNOI RÉGIONAL D'ÉCHECS DE L'EST DE LA FRANCE : BOURGOGNE-FRANCHE-COMTÉ-CHAMPAGNE-ARDENNE-ALSACE.

ÉLIMINATOIRES À PARTIR DE 14 H. TOURNOI DES 16 FINALISTES À PARTIR DE 20 H.

VAINQUEUR : BOURSE DE 15 000 EUROS.

DEMI-FINALISTES : BOURSES DE 5 000 EUROS.

PALAIS DES CONGRÈS. DIJON.

Six lignes, écrites à la main, s'ajoutaient sous la partie imprimée.

Viens à 20 h. Je serai parmi les finalistes. Je suis un excellent joueur. Il n'y a qu'aux échecs que j'ai valu quelque chose. Je serai heureux de te revoir. Je suis l'assassin que tu recherches, mais tu le sais maintenant. Je veux que ce soit toi qui mettes fin à ce calvaire qu'est devenue ma vie depuis dix ans. A ce soir. Je te donnerai les preuves de ma culpabilité.

Elles feront de toi l'héroïne des médias et t'ouvriront, je l'espère, une belle carrière dans la gendarmerie.
Léonard Toudal

Lili reconnut aussitôt l'écriture de la première lettre reçue lors de sa nomination à la tête de la brigade de Sponge. La lettre signée du dessin maladroit d'une reine de jeu d'échecs.

Léonard Toudal.

Le passé afflua. La mémoire de Lili Rigosi recula comme une mer à marée basse découvrant la plage…

Après…

Après, Lili raconta à Vlad tout ce dont elle se souvenait de cette période déjà si lointaine de son adolescence. Peu de chose, en définitive, en dépit de l'éblouissement ressenti en lisant l'étrange courrier laissé par Léonard Toudal. Elle dit et redit ses souvenirs, ce qui était aussi une façon de tuer les heures dans l'attente du rendez-vous du soir.

– Ça ne tient pas debout ! ressassait Lili, en buvant café sur café.

Vlad, quant à lui, estimait que c'était la vie de gendarme qui ne tenait pas debout. Un cadavre à une heure du matin, des nuits sans dormir et, pour couronner le tout, ce message déroutant renouant des fils avec le passé de Lili, vieux de dix ans.

– Comment Léonard Toudal serait-il l'assassin de ces trois personnes et pourquoi ? insista Lili. Il a mon âge, donc environ vingt-cinq ans. Tous les témoins s'accordent à décrire un adolescent…

– Tu as dit toi-même cent fois, coupa Vlad, que le rappeur de la nuit n'était peut-être pas un adolescent car les témoignages sont toujours fragiles. Moi, ce qui me trouble, c'est cette coïncidence d'âge : les victimes, Toudal, toi, vous avez tous vingt-cinq ou vingt-six ans.

– Bon, alors si ce n'est pas un ado, c'est quoi ? s'énerva Lili. Un alien ? Une illusion d'optique ? Et répondons à la question : pourquoi ces crimes odieux ?

– Toudal te le dira ce soir, répondit sombrement Vlad.

Il reposa brutalement sa tasse vide. Et, malgré lui, s'accorda une mesquine vengeance d'amoureux jaloux.

– Ton Léo a raison sur un point : si ce qu'il promet est vrai, tu deviendras l'héroïne des médias. J'imagine les commentaires : la gendarmette retrouve l'amour de ses quinze ans. Un serial killer.

Lili grimaça. Puis esquissa ce qui pouvait passer pour un sourire las.

– Allons dormir deux heures de façon à tenir le coup ce soir.

– Ah oui, oui, oui ! exulta Vlad.

Lili montra la porte, avec une sévérité affectée.

– Chacun chez soi ! On a besoin de repos. Ce tournoi d'échecs me fait peur.

Elle rassembla les tasses, la cafetière vide. Une atroce migraine galopait dans sa tête. Sa voix s'amincit.

– La vie est parfois folle, Vlad. Je reviens à Sponge pour t'y retrouver et parce que c'est la ville de mon enfance et le premier amour de ma vie fait la même chose, mais lui dans le but de tuer trois personnes. Il tient à ce que ce soit moi qui l'arrête comme s'il me faisait un cadeau, mais je me demande…

– Tu te demandes quoi ?

– Est-ce que ce ne serait pas une sorte de vengeance inconsciente de Léonard, pour l'avoir abandonné il y a dix ans ? J'ai l'impression que cette *gloire* qu'il m'offre sera ma punition. Une terrifiante punition.

Ses yeux se noyèrent de larmes retenues.

– Je t'aime, Lili, dit Vladimir Livov. N'oublie jamais ça, Lili : je t'aime.

Elle hocha la tête. Brouilla un sourire entre les larmes, murmura :

– Moi aussi, ne l'oublie pas non plus Vlad.

Leurs regards fusionnèrent. Alors, ils surent l'un et l'autre, avec certitude, qu'ils quitteraient bientôt la gendarmerie. L'enquête criminelle concernant le rappeur de la nuit serait pour eux la première et la dernière.

CHAPITRE XIII

C'était si évident. Mais si horrible.

Lili et Vlad traversèrent à plusieurs reprises la salle où se déroulait le tournoi d'échecs. Il y régnait un silence angoissant. Des tables. Deux adversaires à chaque table. Entre eux, le jeu et une horloge qui égrenait le temps. Les spectateurs osaient à peine murmurer. Leur déplacement n'était autorisé que toutes les dix minutes.

– On ressemble à des automates, souffla Vlad, pendant une de leur marche.

La chaleur était étouffante. Pourtant, Lili avait froid. La pâleur de la jeune femme inquiétait Vlad. Il redoutait un malaise. Pendant le trajet en voiture, Lili avait dit :

– Je me retrouverai face à un fantôme vieux de dix ans qui me dira : « Tu te souviens de la partie de tennis que nous n'avons jamais jouée ? »

Elle avait bloqué le tremblement de ses mains en les coinçant entre ses genoux. Puis :

– Peut-être qu'il m'annoncera…

Elle s'était tue. Ce qu'elle allait dire était trop bête, trop absurde, trop incroyable, trop… La liste des qualificatifs s'allongeait dans sa tête, mais l'hypothèse ahurissante encombra son esprit durant tout le trajet. « Et si les trois adolescents du vestiaire, lors de cette dernière rencontre avec Léonard, devenaient dix ans plus tard les trois victimes ? »

Ce serait une réponse abominable à la question « pourquoi ces meurtres ? », mais néanmoins une réponse. Demeurait l'énigme : l'enquête penchait vers la possibilité d'un crime d'adolescent, or dix ans venaient de s'écouler. À partir de ce constat, la confusion obscurcissait à nouveau le cerveau de Lili. La proximité de la rencontre avec Léonard Toudal la tétanisait.

Les phases finales débutaient bientôt. On approchait de 20 h. Il y eut une pause. Les organisateurs disposèrent les tables dans un vaste cercle qui regroupait les trente-deux derniers concurrents. Leur nom s'afficha sur un panneau électronique. Léonard Toudal occuperait la table numéro six. Son adversaire, champion de Bourgogne, se nommait Alex Choli.

Vlad prit le bras de Lili.

– Tiens le coup. C'est bientôt terminé.

Ils repérèrent la table numéro six. Un grand gaillard blond, souriant, s'installa du côté marqué Alex Choli. Il restait trois minutes avant que l'arbitre n'annonce le début des matchs.

Lili ressentit un vertige qui l'obligea à s'abandonner contre Vlad. Dans un souffle, pris d'une panique évidente, elle tira l'épaule de Livov, murmura :

– C'est un nain.

– Quoi ? fit Vlad.

Ce « quoi » était inutile. L'évidence surgissait dans la tête de Livov. Puis, une voix dans leur dos dit :

– Bonjour, Marlène.

Ils se retournèrent. Ils s'y attendaient. Depuis plusieurs jours, leur inconscient esquissait l'idée que Lili venait enfin de formuler. Pourtant, ils sursautèrent tous les deux.

Non pas un nain, mais un homme de petite taille. Léonard Toudal, vêtu d'un impeccable costume noir, se tenait devant eux. Un mètre cinquante, estima Lili, soudain embarrassée par son mètre quatre-vingts.

Léonard serrait un épais cahier sous son bras gauche. Il souriait.

– Oui, c'est moi, Léonard.

Le sourire persistait. Troublant. Et déplacé compte tenu des circonstances, mais Léonard s'expliqua.

– C'est un jour de bonheur pour moi, Marlène. Je te revois enfin et tu m'apportes la délivrance. Tu es toujours aussi belle.

– La délivrance ? bredouilla Lili.

Léonard Toudal désigna la table de jeu.

– Ici, je suis souvent vainqueur, mais dans ma vie, depuis dix ans, j'ai toujours été échec et mat. Je n'en peux plus. Je suis un meurtrier et ce soir, ton adjoint et toi m'arrêterez, effaçant enfin cette haine qui me dévore depuis dix ans et ce dégoût que j'ai de moi.

Vlad s'écarta de Lili. Il s'éloigna de quelques pas. Ce qui se passait entre Lili et Léonard exigeait davantage d'intimité. Il refusait d'agir en voyeur, même si sa fonction de gendarme l'exigeait.

– Pourquoi…

Lili déglutit et reprit.

– Pourquoi ces horreurs, Léo ? Pourquoi moi ? Pourquoi Sponge ? Pourquoi…

Elle pleurait. Elle ne se rendait pas compte qu'elle pleurait.

– Pourquoi tu…

Sa main droite dessina un cercle autour du corps de Léo.

Léonard Toudal palpa son cou comme s'il réfléchissait à la réponse à donner. Puis, il se décida.

– Ils s'appelaient Sugar, Love Me, Diesel. Tu les connais sous les noms de David Legal, Monica Savix et Freddy Latier.

Il s'interrompit, regarda Vlad. Dit :

– C'est ton ami, n'est-ce pas ? et poursuivit : J'ai cessé de grandir l'année de mes quinze ans, quand ils s'en sont pris à moi. J'ai consulté une dizaine de médecins, parce que mes parents ont déménagé une dizaine de fois, cherchant toujours celui qui me guérirait. Tous ont eu le même diagnostique : dérèglement irréversible du métabolisme dû à la peur. La plupart de mes glandes se sont mises à fonctionner anormalement, puis…

Léonard Toudal haussa les épaules.

– Qu'importent les explications médicales. Le mal était en moi l'année où… où…

– L'année où nous nous sommes aimés, termina Lili.

– Oui.

Léonard esquissa un sourire presque serein et tendit le cahier.

– Tout est écrit dans mon journal. Écrire m'aidait à tenir debout.

Le sourire s'élargit.

– L'écriture et jouer aux échecs m'aidaient à tenir debout, rectifia Léonard. Je voulais qu'ils le sachent au moment de mourir, voilà pourquoi je signais mes actes d'un fou. Mon journal servira de preuve au tribunal. D'ailleurs, j'avouerai tout.

– Quelle horreur, murmura Lili.

Elle prit le cahier, ce qui l'amena à frôler la main de Léonard Toudal. Il fit un pas en arrière.

– Je t'en prie, Marlène, ne m'approche pas, ne me touche pas, sinon ce sera trop difficile pour moi. Tu auras du mal à le comprendre, mais mon arrestation me délivre de la haine amassée au cours de ces dix dernières années.

La sonorisation crachouilla. Une voix annonça :

– Mesdames et messieurs les finalistes sont priés de prendre place. La compétition commence. Nous demandons aux spectateurs de ne plus se déplacer.

Léonard Toudal palpa à nouveau son cou, puis appela :

– Brigadier Livov, approchez s'il vous plaît.

Vlad fit deux pas.

– Je m'adresse cette fois aux gendarmes en service

que vous êtes tous les deux, dit le rappeur de la nuit. Accordez-moi une faveur. Autorisez-moi à jouer mes dernières parties d'échecs avant de terminer ma vie en prison. Je peux gagner la finale. Vous m'arrêterez après.

Léonard Toudal posa sa main droite sur son cœur.

– J'ai dans ma poche une pièce du jeu d'échecs offert par mon père. Une reine en savon vert. Elle me portera bonheur.

Son regard croisa celui de Lili. Il répéta.

– Une reine qui me portera bonheur. Tu as été ma reine… Oui, tu l'as vraiment été…

L'adjudant-chef Lili Rigosi hocha la tête, montrant ainsi qu'elle accordait la faveur demandée. Elle se détourna aussitôt, afin que le rappeur de la nuit ne voie pas son visage décomposé.

ÉPILOGUE

Léonard Toudal perdit en demi-finale.

Lili Rigosi et Vladimir Livov démissionnèrent de la gendarmerie aussitôt le procès terminé. Lili déclara au colonel qui reçut sa démission :

– Je ne me sens pas de taille à affronter professionnellement l'avenir qui s'annonce. Il y aura de plus en plus de personnes semblables à Diesel, Sugar, Love Me et Léonard Toudal, c'est-à-dire des personnes commettant des actes abominables et refusant d'en voir les conséquences.

Le rappeur de la nuit fut condamné à la prison à perpétuité.

Lili Rigosi épousa Vladimir Livov. Le couple s'installa au Canada où il ouvrit un restaurant français.

En prison, Léonard Toudal continua à jouer aux échecs, avec un ordinateur comme adversaire.

Ses parents, revenus de l'île de la Réunion, vinrent le visiter chaque semaine.

Mais le plus incroyable… .

Médicalement, cela ne s'était jamais produit. La croissance de Léonard Toudal reprit peu après la fin du procès. Il grandit de vingt centimètres au cours des deux années suivantes.

– C'est parce que je n'ai plus peur de moi, disait le rappeur de la nuit à ses gardiens stupéfaits.

TABLE DES MATIÈRES

Jean-Paul Nozière

L'écriture d'un roman policier est une jubilation. La question est toujours, dès les premières lignes : comment vais-je m'en sortir ? Lorsqu'il s'agit d'un « polar pour adolescents », l'interrogation, si excitante, est encore plus forte. Il s'agit non seulement de se sortir du puzzle qu'est le polar, mais aussi de répondre à cette question : « Comment vais-je m'en sortir sans mettre en scène ce que je trouve si ridicule dans nombre de romans jeunesse : l'enfant qui entre en scène et résout en trois coups de cuillère à pot ce que la police n'a pas réussi à faire ? » Donc, pour *Échec et rap*, je me trouvais face à ce double défi : le puzzle et pas d'ado James Bond.

Comme souvent, dans mes romans policiers pour adultes ou pour adolescents, il y a un point de départ issu d'un fait divers lu dans la presse. Le premier meurtre de *Échec et rap* est issu de la lecture d'un article conservé dans mes archives durant plusieurs années. Je ne peux pas en dire davantage, avant que le lecteur ne découvre ce roman, mais ce fait divers me trottait dans la tête et me posait cette lancinante question : comment, pendant des années et des années, un individu peut-il ruminer une obsession meurtrière et, un jour, sonner à une porte munie d'un œilleton ?

Mon site : http://jpnoziere.com

Du même auteur :

AUX ÉDITIONS NATHAN

Si tu savais, Tobby…

La chanson de Hannah

Mon américain

QUELQUES TITRES CHEZ D'AUTRES ÉDITEURS

Week-end mortel, Rageot

Fin août, début septembre, Gallimard

Maboul à zéro, Gallimard

Là où dort le chien, Gallimard

Mortelle mémoire, Gallimard

Ci-gît pour l'éternité, Thierry Magnier

La vie comme Elva, Thierry Magnier

Un été 58, Thierry Magnier

Rien qu'un jour de plus dans la vie d'un pauvre fou, Thierry Magnier

Tu seras la risée du monde, De la Martinière

Mais qu'est-ce qu'on va bien faire de toi ?, De la Martinière

Un swing parfait, Syros

David Sala

– Nom, prénom, âge, domiciliation, profession.

– Sala David. 33 ans. J'habite à Strasbourg et je suis illustrateur.

– llustrateur ! C'est bien ce que je craignais. Comment et depuis combien de temps ?

– Au début, je dessinais de temps en temps, mais très vite c'est devenu irrépressible. J'ai même fini par intégrer une école spécialisée. Cinq ans à dessiner, peindre… tous les jours.

– Vous aviez donc des complices ?

– Plein. Par la suite c'est devenu mon métier, mon gagne-pain. Mais l'illustration ne me suffisait plus. J'ai fait de la BD.

– Aïe, je vois. C'est du sérieux. Et dites moi, que faisiez vous la nuit du 25 au 26 ?

– Une illustration. À l'huile. Pour les éditions Nathan. Je n'ai pas pu résister, vous savez, l'intrigue, les personnages, tout ça…

– Sinon, où vous en êtes avec la musique, la photo, la danse hawaïenne ?

– La danse hawaïenne j'ai arrêté, c'est bon. Mais pour le reste…

– Vous êtes désespérant. Je crois qu'on ne peux vraiment plus rien pour vous monsieur Sala. Plus rien.

Vous avez aimé

ÉCHEC ET RAP.

Découvrez

du même auteur…

La chanson de Hannah

Ill. de Jean-Christophe Lerouge
et Jacques Ferrandez

Histoire (12 ans et +)

Août 1940. Louis, dix ans, fils d'émigrés polonais, partage sa vie entre les corons, le quartier des mineurs de charbon, et le Café des Amis, tenu par madame Jeanne. Il rend de menus services aux clients du café, qu'il entend parler de la guerre, sans vraiment s'en soucier. Mais avec la défaite française, l'occupant nazi et la police commencent à arrêter les Juifs. Louis apprend alors par son père qu'il est lui-même juif.

... et d'autres romans policiers dans la même collection...

L'incroyable retour
ÉVELYNE BRISOU-PELLEN
Ill. de Miles Hyman et Alexis Lemoine
12 ans et +
Dans la froideur de l'hiver, l'inspecteur Biely enquête sur le meurtre de Léopold, survenu quelques jours après la mort accidentelle de sa sœur Olga. Très vite, il est intrigué par la nièce du mort, une fillette sauvage et énigmatique. On la connaît sous le nom de Sophia, mais elle prétend s'appeler autrement... Quel secret cache cette mystérieuse jeune fille ? Qui est-elle vraiment ?

Créature contre créateur
SARAH K.
Ill. de Ludovic Debeurme
12 ans et +
Victor, passionné de littérature, l'enseigne avec bonheur. Tandis qu'il se prépare à une nouvelle rentrée scolaire, une rencontre le fait basculer dans l'angoisse : cet homme à l'allure peu recommandable ressemble trait pour trait... à un personnage d'un roman qu'il a laissé inachevé. Cet être tout droit sortit de son imagination semble le poursuivre ? Pourquoi ? Serait-il responsable des meurtres auxquels Victor semble de plus en plus mêlé ?

Enquête à Latruffe-City

ANNE-SOPHIE SILVESTRE

Ill. de Jack Manini

12 ans et +

« Hadrien, détective autonome. Enquêtes en tous genres. La seule condition pour me charger d'une enquête est qu'elle m'amuse. Mon terrain d'investigation habituel, mais non exclusif, est le collège Albert Latruffe – ou Latruffe-City –, pour la bonne raison que j'y passe le plus clair de mon temps. Je mène en effet à Latruffe une tenace carrière de redoublant de quatrième.

Ce matin, je sais dès mon premier pas dans la cour qu'il se passe quelque chose d'inhabituel : la bibliothèque a été mise à sac… »

Police Python

YVES PINGUILLY

Ill. de Olivier Balez et Thomas Ehretsmann

12 ans et +

Sewanou, l'Africain, débarque à Paris à la recherche d'un python sacré et se retrouve par malheur chez un créateur de bijoux assassiné. Le voilà soupçonné de meurtre et il est obligé de se cacher. Qui va l'aider à sortir des griffes de la police ?

L'assassin connaît la musique

YVES PINGUILLY

Ill. de Thomas Ehretsmann

12 ans et +

Éléonore Brugalet-Tralort, l'ex-femme d'un célèbre chef d'orchestre, a été assassinée… trois fois : frappée, étranglée et embrochée ! L'inspecteur Frolot porte ses soupçons sur l'amant de la victime, Charles Perdreski, qui a laissé ses empreintes sur le sabre qui a poignardé la victime, ou sur Jocelyn Tralort, son ex-mari. Au cours de leur enquête, l'inspecteur et son adjoint Boilard découvrent le monde fascinant de l'opéra, essayant de retrouver parmi cantatrices et chanteurs aux amours croisées et compliquées, l'assassin d'Éléonore…

N° d'éditeur : 10234201 – Dépôt légal : août 2012
Achevé d'imprimer en mars 2017 par Jouve (53100 Mayenne, France)
N° 2517335C